辰巳芳子

ご飯と汁物

後世に伝えたい食べ物

はじめに

今から数十年前、第二次世界大戦の激戦地だったフィリピンの古戦場を視《み》に行ったことがあります。フィリピンの案内人が「ここで日本の兵隊は草の裏にたまっている夜露をなめて戦ったんだ」と教えてくれました。周りを見回すと、テニスコートが見えたので「戦争の合間にテニスをやったんでしょうかね」と質問したところ、テニスコートの下はプールであるとのこと。それはアメリカ軍のプールで、二つも三つもありました。アメリカの兵隊はプールにためておくほどの水を備蓄していたのです。

案内人の話が本当か、定かではありませんが、そのときに私はアメリカの物質的な強さより、アメリカという国の兵隊に対する生命観を感じたのです。私は食の問題についてもどのような生命観を持つかということがいちばん大切だと思っています。ですからアメリカがプールをつくったことは、アメリカと日本の経済的余裕の違いではなく、根本はアメリカと日本の生命観の違いです。

私たちはプールに水を蓄えるような注意深さのある用意周到な国にならなければなりません。日本は草の裏の露、

あちらはプールの水、もし本当ならいわく言い難い事実だったと思います。私たちはそれぞれの分野でのプールとは何であるかを考えなければならない。各分野においてプールの用意がなければならない。

私は「食」の仕事をしながら、どんな場合でもこの国の穀類のことは忘れません。特に米と大豆のことは忘れたことはありません。国としても忘れてはならない食糧であると思います。米は主食「ご飯」。大豆はみそ、しょうゆ、油など生命維持に不可欠な材料。日本人は米と大豆を失ってはならない。そこを一歩退いたら、世界に対して発言権を失うことになりかねません。自分たちの力で食べている国でないと、どんなに大切な論説であっても通用しないでしょう。これからの日本は、米と大豆を人口に見合っただけ常に気にして用意しなければならない。

このことを私は強調したいのです。

令和二年六月

辰巳芳子

目次

◆本書で使用している計量カップは２００mℓ、計量スプーンは大さじ１＝15mℓ、小さじ１＝５mℓです。１mℓ＝１ccです。

◆オーブントースター、オーブンなどの調理器具は、各メーカーの使用説明書などをよくお読みのうえ、正しくお使いください。

◆加熱調理の際にアルミ箔《はく》やオーブン用の紙を使用する場合は、使用説明書に記載の耐熱温度などを確認のうえ、正しくご使用ください。

母の一合升と五合升

終戦後、お米がなくて苦労した時代に、母が使っていた升です。米を何回も量ったためにあちこちすり減っています。これにお米をどのくらい入れられるか、いのちがけでしたよ。

　この升はふと、米櫃《びつ》の底から出てきました。ああ、いいものが出てきた。戦後の出発点はこれだったんだ。

田植え、そして実りの秋

農家の方々あってのこの国です。どんな困難なことがあっても米をつくってくださった。天変地異があっても絶対に米づくりを諦めませんでした。

黄金色に米が実っている田んぼ。あのようにりっぱな風景はどこの国にもありません。世界に対して日本がいちばん自慢にできる風景。あれは日本そのものです。あれ抜きに日本を語れぬのではないでしょうか。

第一章 四〜六月

四月 胚芽ご飯 あさりのみそ汁

「ご飯と汁物」という表題の根底には、日本の米と大豆を守りたいという根源的な使命感があります。日本の２０１８年度のカロリーベースの食料自給率は約37％で先進国の中でもかなり低いほうです。私たちは「持たざる国」に住んでいることを自覚しなければなりません。自給率の低さは、他国との交渉において不利に働くかもしれません。

しかし、米と大豆さえあればこの国は何とかやっていける、と思っています。米は主食、大豆はみそ、しょうゆ、油の原料。ご先祖様が私たちに遺《のこ》してくだされた恵みをご飯と汁物という両輪にしていけばよいのです。

常食は胚芽米。胚芽は、発芽し発根するいちばん大切な部分ですから、米の中でも栄養素が集中しています。玄米からぬかと胚芽を取り除いた白米は、お米の力を半減して食べているようなもの。水っぽい日本の白米に比べ、胚芽米はもっさりしていて米らしい味わいがありますね。

そしてみそ汁。みそ、しょうゆなどの発酵調味料を持つ幸せ。このことを私たちは再認識しなければなりません。欧米では料理に塩を直接使わねばならぬから、刺すような塩けを油で和らげなければならない。日本では油を使わなくても発酵調味料のおかげで食べ心地のよい味にできるのです。

具は春の貝、あさり。日本人は古来、貝を頼りにしています。その証拠に貝塚ができるほど貝を食べてきました。貝は脳をよい状態に発達させたと思う。だから日本人は非常に精密なことができるのです。

あさりのうまみでみそ汁はだしいらず。殻の内側を満たしている体腔液《たいこうえき》にはうまみ成分が含まれているので殻ごと煮ると抽出されやすいことを、学習院女子大学の品川明教授からうかがいました。

ここでは殻の洗い方を覚えてください。くすんでいた殻の模様がどんどんきれいになり、こんなに汚れていたのかと驚くことでしょう。

胚芽ご飯

◉材料（2～3人分）

胚芽米…360㎖（2合）

① 胚芽米は炊く30分前に洗ってざるに上げる。強く洗うと胚芽が取れてしまうのでやさしく洗う。

② 炊飯器に胚芽米を入れ、白米と同様に水加減して普通に炊く。

③ 10分間蒸らし、器に盛る。季節の菜の花のおひたしを添える。

あさりのみそ汁

◉材料（2～3人分）

あさり（砂抜きしたもの）…10コ（200g）

レモン（輪切り）…2枚

あおさ（乾）…適量

塩…適量

みそ…大さじ$1\frac{1}{2}$～2

① あさりを片手にのせ、塩小さじ1をまぶして殻と殻をこすり合わせ、水で洗う。残りのあさりも同様に洗う。これをあと2回繰り返し、殻の色が変わって鮮やかになるまで、合計3回洗う。ボウルに入れて水をヒタヒタに注ぎ、レモンを搾って10分間おく。

② すり鉢にみそを入れ、よくすってなめらかにする。鍋にあさりを入れ、水カップ3を注いで中火にかける。煮立って貝が開いたら弱火にしてアクを取る。玉じゃくしで煮汁を適量すくい、すり鉢に入れてみそを溶きのばし、鍋に戻し入れる。

③ あおさを鍋に入れる。火を止め、器に盛る。

五月

たけのこご飯
鶏のすっぽん仕立て

たけのこご飯のたけのこを、皆さんはどのように切っていらっしゃいますか。いちょう形に切る方が多いようですが、たけのこが大きくてご飯との調和を悪くしているように感じます。特に子どもは食べにくいのではないでしょうか。

食べやすくするために、たけのこの下の部分を薄い輪切りにして堅い繊維質を切ったのち、せん切りにしてみました。せん切りにすればご飯とうまくからみ合い、おいしく召し上がれるのです。せん切りといちょう切りの違いを味わい分けていただければうれしいですね。

たけのこは性根の強い食材ですから、米ぬかで下ゆでしなければなりません。米ぬかでえぐみを解消する知恵は、米を主食としてきた日本人らしい、とつくづく思います。

合わせる汁物は鶏のすっぽん仕立て。すっぽん仕立てとは、すっぽんをたっぷりの酒と水で煮て、煮

汁をこして吸い物にする調理法です。すっぽん以外の魚でもこの手法を使うときには、この名で呼んでいます。

鶏をすっぽん仕立てにするなら、フランス料理の手法を取り入れて、骨付き肉、しかも手羽先も一緒に煮て、鶏の味わいを引き出したスープにします。このスープを瓶に保存しておくと、下の写真のように、皮や骨から抽出した成分でゼリー状に固まっているのが見えます。これが鶏のすっぽん仕立ての特徴です。

煮るときには昆布を入れています。味に奥行きが出ますし、昆布のぬめりはアクを寄せる力があるのです。和洋のよいところを利用してこの汁物はできています。

たけのこご飯

●材料（4〜6人分）

米…540㎖（3合）

新ゆでたけのこ（下部／せん切り）…山盛りカップ1

A
- 昆布（5㎝四方）…3〜4枚
- 酒…大さじ2
- うす口しょうゆ…大さじ1〜1 1/2

塩…小さじ2/3

木の芽…適量

① 米は洗ってざるに上げ、30分間おく。

② ゆでたけのこは全形のまま、まな板に置き、下部から繊維を断つようにごく薄い輪切りにする。さらにせん切りにする（写真ⓐ）。あらかじめ、下部を切り離してから輪切りにすると、不安定で切りにくいので、全形のまま扱うとよい。

③ 炊飯器に米を入れ、普通に水加減をしてAと②のたけのこを加えて炊く。

④ 10分間蒸らし、器に盛る。木の芽を添える。

ⓐ

鶏のすっぽん仕立て

◉材料（5人分）

鶏もも肉（骨付き／ブツ切り）…2本分
鶏手羽先（先端を切り落とす）…5本
レモン（国産／輪切り）…2枚
スープ
　水…カップ7～8
　昆布（5㎝四方）…3枚
　ローリエ…1枚
　白こしょう（粒）…7～8粒
　塩…小さじ1

しょうが汁…適量
好みの青み野菜（ゆでて細切り）…適量
酒…適量
塩…少々

①鍋にスープの水と昆布を入れておく。

②別の鍋にたっぷりの湯を沸かし、レモンを入れ、鶏もも肉、手羽先を3～4コずつ入れ、再び煮立ったら取り出す。これを繰り返す。冷水にとってきれいにし、ペーパータオルで水けを拭く。ボウルに鶏もも肉と手羽先を入れて酒カップ1/3をふりかけ、軽くもみ込んで10分間おく。

③①の鍋に②の鶏もも肉、手羽先、スープの残りの材料を加え、強めの中火にかける。煮立ったら表面に小さな泡が立つくらいの火加減にし、アクと脂を取る。約20分間煮て昆布を取り出し、さらに煮て身から骨が離れやすくなったら、鶏もも肉をスープの中でふり洗いして取り出す（写真ⓑ。肉片で椀《わん》の中を汚さない配慮）。

ⓑ

④こし器やざるに厚手のペーパータオル（不織布タイプ）を敷き、③のスープをこす。残った手羽先は椀に入れず、ほぐしてあえ物などに活用する。

⑤スープの鍋をきれいに洗い、こしたスープと鶏もも肉を戻し入れる。中火にかけ、酒少々、塩で味を調える。

⑥椀にしょうが汁各小さじ1/4をたらし、⑤のスープと鶏もも肉をよそい、青み野菜を添える。

六月

梅干し入りご飯
えんどうのけんちん汁

六月は梅の季節ですね。梅干しは、日本人にとって欠かせない大切な食べ物です。食べ物が腐りやすい梅雨の時期、その防腐作用を頼って、ご飯に炊き込みます。

常日頃から梅干しを炊き込む必要はありませんが、災害時、おむすびを提供するときに役立つでしょう。食べてもいい防腐剤なんてほかにあまりないですよ。ちなみに、手づくりの3年物の梅干しは宝物です。塩の角が取れてまろやかになり、食べやすくなっています。1年で食べきる量よりやや多めに漬けることをおすすめします。

梅干しのみならず梅酢にも抗菌力があります。通常、おむすびの中に梅干しを入れますが、常々疑問に思っていました。外から守らなければ効果がないのではと。だから、梅酢なら手に塗っておむすびをにぎれば、外側からの防腐が期待できると思います。

そして汁物は、えんどうを「蒸らし炒め」にするけんちん汁です。蒸らし炒めとは、厚手の鍋に少量

の油を入れ、ふたを用いつつ、野菜に汗をかかせ、素材の持ち味を引き出す手法です。えんどうの青くささは蒸らし炒めで取り除けます。ぜひ試してください。

けんちん汁には「煮干しだし」を使用すること。煮干しの頭から骨まで粉にし、うまみと栄養を最大限に引き出しました。日本人は骨から栄養を賢く、徹底的にいただくことに慣れていません。魚のアラでだしをとるフランスのフュメ・ド・ポワソンなど、骨までスープに使う点ではヨーロッパの人々のほうが優れています。ですからその知恵を活用しました。煮干しは炒《い》って保存性を高めて瓶などに入れておきましょう。自分の国の文化の行き詰まりは、異文化で洗うとよいでしょう。料理をやっていて、つくづくそう思いますね。

梅干し入りご飯

◉材料（４～６人分）

米…５４０㎖（３合）

梅干し…１コ

①米は洗ってざるに上げ、30分間おく。

②土鍋に米を入れ、水約６００㎖を注いで梅干しを加える。ふたをして中火にかけ、煮立ったら弱火にする。チリチリとご飯が炊けた音がしたら、一瞬強火にして火を止める。

③10分間蒸らし、梅干しをしゃもじでつぶし、果肉をご飯に混ぜて茶碗《わん》によそう。

えんどうのけんちん汁

◉材料（5人分）

スナップえんどう…400g
木綿豆腐…2/3丁（約240g）
油揚げ…1～1 1/2枚

オリーブ油…大さじ2 1/2～3
煮干しだし（124ページ参照）…カップ6～7
塩…適量
うす口しょうゆ…小さじ2～3

1 スナップえんどうは水に30分間浸し、ヘタと筋を取る。

2 豆腐はペーパータオルで包んでおもしをし、40分間おく。

3 油揚げは熱湯にサッと通し、長い辺を4等分に切り、約3㎜幅の細切りにする。

4 鍋を中火にかけてオリーブ油を入れ、水けをきったスナップえんどうを加えて炒める。全体に油がなじんだらふたをして弱火にする。時々混ぜながら蒸らし炒めにする（23ページ写真参照）。途中で塩小さじ1をふる。五分《ぶ》どおり火が通ったら油揚げを加え、八分どおりまで炒める。

5 温めておいた煮干しだしを加え、中火で煮る。うす口しょうゆを加えて豆腐をくずし入れ、味をみて足りなければ塩少々で調える。

薄焼き卵の細巻きずし

たまねぎのぽったら煮

このかつお節のつくだ煮は、戦争で召集され、中国の戦地にいる父に、母が送ったもの。どんな過酷な状況でも、かつお節が食べられるように母が考えたもの。いのちがけのところからでき上がったもの。私もそのつもりで手伝い、一生懸命かつお節を削りました。

削り節はいきなり細かくしようとせず、油けのない鍋で炒《い》っておき、冷めてから手でもめば雑作なく粉になります。生ぐさみも消えます。母は削り節を炒るってことをよく考えついたと思います。戦地へ少しでも栄養のあるものを届けたい、その一心からひらめいたのでしょう。

かつお節と生ハムは、人間のいのちを守る保存食として両巨頭と言いたい。イタリアでは戦争など一大事が起こったときに、生ハム1本抱えて逃げたそうです。そういう考え方でかつお節を捉えてほしい。

このつくだ煮を芯にして、白ごま入りのすし飯を薄焼き卵で巻き上げたのも母の考案。かつお節と薄

焼き卵がよく合うのです。学生時代、食欲のない私のためにこれをお弁当に持たせてくれました。のりの代わりに薄焼き卵で細巻き弁当にしようなんて、なかなか思いつかないんじゃないでしょうか。夫のいのちを思ってかつお節のつくだ煮を、娘の健康を気遣って細巻きを。母の愛を感じます。

　そのお隣、たまねぎのぽったら煮は起死回生のスープと呼んでいます。体の芯から疲れたとき、やる気や気力が衰えたと感じたときに飲むべきもの。春先に出回る柔らかい新たまねぎが最適です。

　このスープはみそ汁にもなります。その場合、みそ汁にする分だけスープとたまねぎを取り分けてみそを溶かすように。みその香りを常に新鮮に保つ工夫です。

薄焼き卵の細巻きずし

◉材料

かつお節のつくだ煮（つくりやすい分量）

かつおの削り節（粉にしたもの）…カップ1
酒…カップ1/2
みりん…カップ1/3
しょうゆ…カップ1/3〜1/2
水…カップ1
梅干し…1コ

紅しょうが（みじん切り）…適量
赤じそふりかけ…適量
すし飯（122ページ参照）…適量
白ごま…適量
薄焼き卵（つくりやすい分量）
卵…3コ
塩…少々
サラダ油…少々

① かつお節のつくだ煮をつくる。鍋を中火で温め、削り節を軽く炒《い》る。からりとしたら紙などに移し、冷めたら手でもんで細かい粉状にする。

ホウロウの鍋に、「かつお節のつくだ煮」の材料をすべて入れ、よく混ぜて弱火にかける。木べらで混ぜながら煮詰めていく。焦げつきやすいので煮汁がほとんどなくなるまで、絶えず鍋底から混ぜること。冷めたら清潔な保存容器に入れる。冷蔵庫で2か月間保存可能。

細巻きの芯にするには、つくだ煮適量に紅しょうが、赤じそふりかけを好みの量を混ぜる。

② すし飯は122ページ「五目ずし」のつくり方⑦の要領で、分量を加減してつくる（五目ずしのようにしいたけ、にんじん、かんぴょうは入れない）。白ごまを混ぜる。

③ 薄焼き卵をつくる。ボウルに卵と塩を溶きほぐす。卵焼き器にサラダ油を中火で熱し、玉じゃくしで少量を流し入れ、薄く広げて焼く。裏返して両面を焼き、取り出す。残りも同様に焼く。

④ 巻きすに薄焼き卵を敷き、すし飯を奥を少しあけて広げ、つくだ煮を芯にして巻く。残りも同様に巻く。食べやすい大きさに切って器に盛る。しょうがの甘酢漬けを添える。

たまねぎのぽったら煮

◉材料（つくりやすい分量）

たまねぎ…8コ

（小ぶりの新たまねぎなら10コ）

オリーブ油…大さじ2～2 1/2

昆布（5cm四方）…4～5枚

梅干しの種…2コ

ローリエ…2枚

塩…小さじ1

みそ…適量

1 たまねぎは皮をむく。たまねぎが重ならずに収まる鍋にオリーブ油を回し入れ、たまねぎを並べて弱火にかけ、ふたをする。

2 時々ふたを取ってたまねぎを転がし、蒸らし炒めにする。

3 表面に淡い焼き色がついたら、たまねぎの高さの七分《ぶん》目まで水を注ぎ入れ、昆布、梅干しの種、ローリエ、塩を加えて弱めの中火にする。オーブン用の紙で落としぶたをし、竹串がスッと通るまで煮る。

4 このままで食せるが、27ページのようにみそ汁風にするなら必要分だけ鍋に取り分け、水・みそ各適量を溶き入れて温める。

三色丼
干ししいたけのスープ

鶏

ひき肉のそぼろの上手なつくり方を覚えてください。

まずは失敗例から。調味液を鍋に入れて火にかけ、温めてからひき肉を入れる。すると肉がころころにくっついて塊だらけになり、見た目も悪く食べづらいそぼろになります。

たんぱく質は熱により固まる性質があるので、ひき肉と調味料と水を5本の菜箸であらかじめよく混ぜ合わせておきます。ひき肉の隅々まで調味液が行き渡り、くっつくことはありません。とても合理的な調理法です。

水はやや多めに入れ、じっくり煮詰めていきます。火にかけている間は絶えずかき混ぜること。これで細かいしっとりとしたそぼろが完成です。

炒《い》り卵もそぼろと同様の方法で5本の菜箸を使えば、しっとり仕上がります。

老若男女が好む三色丼には、干ししいたけのスープが最適な相方。干ししいたけ、昆布、梅干しの種。

この3つの材料でできる、特筆すべきスープかもしれません。

しいたけをそのままゆでると、味が強すぎていやみが出てくるんです。このスープは蒸し器で蒸すので、いやみのない味わいになります。梅干しはあれば3年物をお使いください。塩のとがったところがなくてスープにそこはかとない味を与えてくれます。

蒸し上がったら、しいたけ、昆布、梅干しの種はすぐに引き上げること。蒸して抽出したそれぞれの滋養が、入れっぱなしの食材に戻らないようにするためです。

お医者さんや勉学に励む方とか、頭の神経を遣って疲れているときに飲んでもらいたい。1週間に1回、カップ3杯飲んでも効果は期待できないでしょう。毎日朝昼晩飲むくらいのことをやらないとね。ぜいたくなスープですから、私はお客様には前菜代わりに小さなカップでお出しします。

三色丼

◉材料

鶏ひき肉のそぼろ（つくりやすい分量）

鶏ひき肉…200g

しょうが汁…小さじ2

酒…カップ1/4

砂糖…大さじ3

うす口しょうゆ…大さじ1 1/2

塩…少々

水…カップ1/2〜2/3

炒《い》り卵（4人分）

卵…5コ

塩…1つまみ

砂糖…大さじ1

サラダ油…大さじ1 1/2

さやいんげん…適量

塩…少々

茶飯（米720mℓ〈4合〉、水カップ4、しょうゆ・酒各大さじ2、塩小さじ1/2、昆布〈5cm四方〉2枚）…適量

① 茶飯の米は炊く30分前に洗ってざるに上げる。炊飯器にすべての材料を入れて普通に炊く。炊き上がったら昆布を除く。

※茶飯はつくりやすい分量。

② 鶏ひき肉のそぼろをつくる。鍋に鶏ひき肉から塩までの材料を入れて菜箸5本で混ぜ、分量の水を加えて全体が均一になるまでよく混ぜる。中火にかけ、煮汁がなくなるまで絶えず混ぜる。

③ 炒り卵をつくる。鍋に卵からサラダ油までの材料を入れて菜箸5本でよく混ぜる。弱火にかけ、鍋肌に固まり始めた卵を菜箸5本で絶えず混ぜながら、②のそぼろと同様にしっとり仕上げる。

④ さやいんげんはヘタと筋を除き、塩を入れた熱湯でゆでる。水にとり、冷めたら水けを拭いて斜め薄切りにする。

⑤ 器に茶飯、そぼろ、炒り卵、さやいんげんを盛りつける。

干ししいたけのスープ

◉材料（5人分）

干ししいたけ…35～40g
（日本産原木しいたけ）
昆布（5㎝四方）…3～4枚
梅干しの種…2～3コ
（梅干しなら1コ）
水…カップ6

① 干ししいたけと昆布を分量の水に浸し、1時間かけて戻す。

② しいたけと昆布を取り出す。蒸し器に入れる容器に、しいたけ、昆布、梅干しの種を入れる。

③ 鍋に①の戻し汁を入れて火にかける。

④ 蒸気の上がった蒸し器に②の容器を入れ、熱くなった③の戻し汁を注いで容器のふたをする。さらに蒸し器のふたをして約40分間蒸す。

⑤ 蒸し上がったら、しいたけ、昆布、梅干しの種を取り出す。厚手のペーパータオル（不織布タイプ）を敷いたこし器でこし、器に注ぐ。

ご飯のお供　らっきょう漬け

らっきょうは活力の源になる野菜です。一年を通して食べているらっきょう漬けは、まさに自然のサプリメントと言えるのかもしれません。日本が世界に誇れる漬物です。ぜひ海外に輸出してほしいと思っています。

　毎年5月下旬から6月上旬にかけて1年分のらっきょうを漬けますが、自分で漬けたものは、やはり安心していただけるもの。いろいろな漬け方がありますが、ここでは私が重宝している漬け方を紹介します。

らっきょうを漬けるときに用意するもの

◉泥付きらっきょう

堅く締まっていて、傷がなく、芽が伸びていないものを使う。入手後は芽が伸びないうちに、私は粗漬けにしてしまう。

◉道具類

粗漬け用に大きめの容器、おもし、皿、布巾を用意する。これらは煮沸消毒したものを使う。漬けたらっきょうは、ふた付きのガラス瓶（煮沸消毒したもの）に入れて保存する。ほかにも、ざるやホウロウの鍋、温度計などが必要。

2種類のらっきょう漬けをつくる

甘酢漬けらっきょうと塩らっきょうをつくります。工程として、いずれも粗漬けが必要です。ここでは3kgのらっきょうを粗漬けしたのち、甘酢漬け用に2kg、塩らっきょう用に1kgを使います。

らっきょうを粗漬けする

◉材料（つくりやすい分量）
らっきょう…3kg
粗塩…適量

①10%の塩水を煮立て、大きめの容器に移し、冷ます。

②らっきょうはきれいになるまで泥を丁寧に洗い落とし、①の塩水に入れる（写真ⓐ）。塩水に漬けることで、らっきょうの芽の動きを止める。

③清潔な布巾を広げ入れ、落としぶたとなる皿、軽めのおもし（皿が浮かない程度のもの）の順にのせて涼しいところに置く。

④3日後、らっきょうを取り出して水できれいに洗い、ざるに上げる。漬け水は捨て、容器をきれいにし、らっきょうを戻し入れる。新たに10%の塩水を煮立てて冷まし、注ぐ。③と同様にして、涼しいところに置く（写真ⓑ）。

⑤さらに3日後、④と同様にして（写真ⓒ）新たな塩水に漬け、涼しいところに置く。繰り返し塩水に漬けることで、らっきょうの内部まで塩水が行き渡る。

⑥さらに3日後、らっきょうを水で洗い、根と芽を切り取りながら、薄皮を除く（写真ⓓ）。粗漬けのでき上がり。

a

b

c

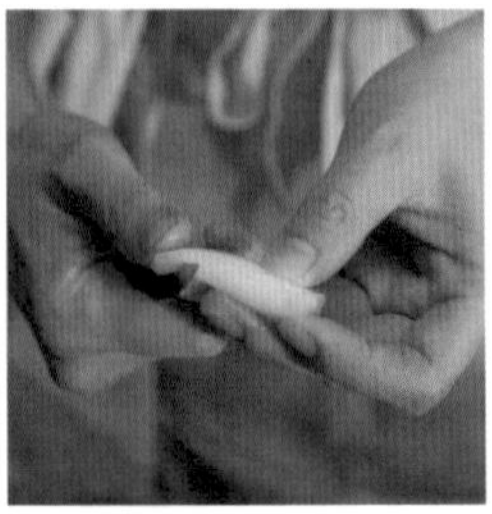
d

甘酢漬けらっきょう

◉材料（つくりやすい分量）

粗漬けしたらっきょう…2kg

甘酢

酢…カップ4

酒…カップ2

しょうゆ…大さじ$1\frac{2}{3}$

白ざらめ糖…カップ$2\frac{1}{2}$〜3

赤とうがらし（種を除く）…2〜3本

①粗漬けしたらっきょうは、たっぷりの水につけて好みの塩けになるまで塩抜きし（写真ⓔ）、ざるに上げて水けをきる。

②塩抜きしている間に、鍋に甘酢の材料を入れ、弱火で煮溶かす（写真ⓕ）。50〜60℃で火を止め、冷ます。

③②の甘酢の1/3量を平たい鍋に入れ、中火にかける。80℃を保ちながら、①のらっきょうを数回に分けて煮る（写真ⓖ）。7〜8分間ずつ煮てすくい取り、別の容器に移して粗熱を取ってから、瓶に入れる。すべて入れ終わったら、②の甘酢の残りをヒタヒタに注ぐ。

④瓶ごと氷水につけてさらに冷まし（写真ⓗ）、ふたをして涼しい場所に置く。味がなじんだ約1か月後から食べる。

塩らっきょう

◉材料（つくりやすい分量）

粗漬けしたらっきょう…1kg

粗塩…適量

①粗漬けしたらっきょうを瓶に入れる。10％の塩水適量を煮立てて冷まし、瓶にヒタヒタに注ぎ（写真ⓘ）、ふたをして冷蔵庫で保存する。味がなじみ、発酵加減になったら（程よく酸味が出たら）食べる。

②塩けがきついようなら、水に浸して塩抜きする（写真ⓙ）。浸す時間は好みでよい。砕いた氷の上にのせ、食卓に出す。

e

f

g

h

i

j

第二章

七〜九月

七月

青じそのおむすび
焼きみそ

青じそのおむすびは、子どものころから食べていました。母は青じそやみょうがを植えていましたから、必要なときに庭先から摘み取り、こまごまに刻んで食欲のなくなる夏におむすびにしてくれました。いいものですよ。青じそはビタミンなどを多く含み、よい効能があると聞いています。たくさん食べてほしいですね。

一方、みそ汁は盛夏にあまり好まれぬもの。そんな時季に焼きみそをみそ汁代わりに提案したいと思います。これは戦争中に母が考えました。空襲で防空壕《ごう》に避難すると、火が使えません。そこで、いざというときの非常食として備えました。戦争がつくり出した逸品です。

ピーマンは種もふかふかのワタも入れます。みじん切りにした夏野菜と一緒に炒めてしまえば、ほとんど気になりません。ピーマンの種は、暑さ負けしない何かの効能があるように感じられますね。青じそもたっぷり入れて、香りで食欲も増進すること間違いないでしょう。

みそは赤みそ、できれば八丁みそを使うこと。大豆を長期間熟成させた八丁みそは、塩角が取れたうまみがあり、みそだけで酒の肴《さかな》になるほどです。水分が少なく保存が利き、焼きみそに適しています。

今回の焼きみそは当座用で、もう一つ、天変地異用があります。八丁みそをさらさらになるまで炒め、さらに保存性を高めました。こちらは別の機会に紹介します。

焼きみそは独り暮らしの男性が持っているとよいですね。このごろ頭の中に、定年退職して妻に先立たれた男性の姿を思い浮かべることがあります。一生懸命働いて、今はもう独りで食事をする風景。そんな方が寂しさを感じないような料理を教えてあげたい。焼きみそは密封容器に入れて冷蔵庫で1週間はもちますから、きっと一助になるはずです。

青じそのおむすび

◉材料（2～3人分）
米…360㎖（2合）
青じそ…10～15枚
塩…少々

① 米は洗ってざるに上げ、30分間おく。

② 炊飯器の内釜に米を入れ、2合の目盛りまで水を注いで普通に炊く。

③ 青じそは縦にせん切りにし、90度向きを変えてみじん切りにする（写真ⓐ）。塩をふり、キュッと絞る。

④ ご飯が炊き上がったら③を混ぜ、おむすびにする。たくあんを添える。

ⓐ

ⓑ

焼きみそ

◉材料（つくりやすい分量）
新しょうが
（なければ普通のしょうが）…1かけ
ピーマン…2コ
なす…（大）1コ
青じそ…10〜15枚
八丁みそ（なければ赤みそ）…適量
オリーブ油…大さじ2 1/2

① 新しょうがは3mm角のみじん切りにする。ピーマンはヘタだけを除き、種とワタごと5mm角に切る。

② 厚手の鍋（あれば直径約15cm）にオリーブ油の半量としょうがを入れ、弱火にかけて炒める。ピーマンを加えて炒め、しんなりしたら火を止める。

③ なすは7mm角に切り、切った端から②の鍋に入れ、再び弱火にかけて炒める。

④ 青じそはみじん切りにする。③のなすがしんなりしたら、青じそを加えて炒め合わせる。

⑤ 野菜がややべったりとしてきたら、中央をあけて鍋の周囲にドーナツ形に押しつける。鍋の中央に残りのオリーブ油を熱し、八丁みそを入れて焼く（写真ⓑ）。焼いたみそと炒めた野菜をよく炒め合わせる。

※八丁みその分量は炒めた野菜の1/5量が目安。赤みその場合は、もう少し多めにする。

八月

食パンのピザもどき

にんにくのスープ

八月はご飯と汁物の番外編。イタリアのサルサ・マリナーラ（マリナーラソース）でつくる食パンのピザもどきです。ピザはナポリでは魂の食べ物。食パンピザと軽々しく命名しては申し訳ありませんから「もどき」としました。生地はもどきですけれど、ソースは本物です。まずは、サルサ・マリナーラの位置づけから。

イタリアには、トマト系４種と牛乳系１種の５種類のソースが厳然と存在し、サルサ・マドレ（母なるソース）と呼んでいます。

サルサ・ポモドーロ・フレスカは、フレッシュトマトソース。サルサ・ボロニェーゼは、ミートソース。サルサ・ナポリターナは、塊肉や骨、野菜をトマトと一緒に煮込んだソース。４つ目がサルサ・マリナーラ。そしてサルサ・クレーマは、ホワイトソース。

これら母なるソースの下にさまざまな料理が点在していることを知ってほしい。

サルサ・マリナーラは、ナポリ周辺が発祥と思われます。アンチョビを入れるところが特徴です。

心得ていただきたいのは、にんにくの香りを移したオリーブ油で、塩を帯びたアンチョビをいじめないように温めて生ぐささをとばすこと。アンチョビのなれ味とトマトを一体化することで、ピザにも魚介料理にも適したソースに仕上がるのです。例えば魚のムニエルをサルサ・マリナーラでクックツ煮れば、趣が異なる華やいだ料理になります。

ローマで私に母なるソースを教えてくださったのは、国立エナルク料理学校のアントニオ・カルーソでした。その後来日し、イタリア料理の普及に努めました。日本におけるイタリア料理の恩師です。

対して汁物は、スペインのにんにくのスープ。高温多湿の日本の夏は、スペインのような暑い国のスープを参考にするべきです。疲労回復のための、かけがえのない宝となるに違いありません。

食パンのピザもどき

サルサ・マリナーラのつくり方

◉材料（約カップ4）

トマト…800g〜1kg
にんにく…1かけ
アンチョビ（フィレ）…1 1/2枚
パセリ（みじん切り）…大さじ2
白ワイン…カップ1/3
オリーブ油…カップ1/3
塩…小さじ1
こしょう…少々

❶ トマトは皮と種を除き、1cm角に切る。にんにくは薄切りにして芯を除き、大きければ半分に切る。ぬれ布巾を用意し、コンロのそばに敷いておく。

❷ 鍋にオリーブ油とにんにくを入れて弱火にかける。にんにくが色づいたら（写真ⓐ）取り出してアンチョビを加える。アンチョビが溶けて香りがたつまで約30秒間炒める。鍋底が熱くなると焦げやすいので、ぬれ布巾の上に鍋を置き（写真ⓑ）、鍋の温度を調整する。

❸ 鍋を再び弱火にかけてパセリを加え（写真ⓒ）、香りがたったら焦げないように、ぬれ布巾にのせる。

❹ 鍋を弱めの中火にかけ、白ワインを注いでなじませ、トマトを入れる。塩、こしょうを加え、約20分間煮る。

※密封容器に入れて冷蔵庫で5日間保存可能。

ⓐ

ⓑ

ⓒ

食パンのピザもどきの材料とつくり方

❶ 食パン（10枚切り）2枚をオーブントースターで軽く焼き、バター適量を塗る。食パンを十文字に切り、サルサ・マリナーラ（上記参照）適量を塗る。

❷ ゆで卵、ソーセージ、オイルサーディン、缶詰のツナ、ピーマン、マッシュルーム、パセリなど好みの具を食べやすく切ってのせ、ピザ用チーズ適量を散らす。

❸ 再度オーブントースターでチーズが溶けるまで焼く。

にんにくのスープ

◉材料（7人分）

にんにく…1～$1\frac{1}{2}$コ
（1人分$1\frac{1}{2}$～2かけが目安）

スープ

チキンスープ（下記参照）…カップ7
たまねぎ（2㎜厚さの薄切り）…90g
にんじん（2㎜厚さの輪切り）…60g
セロリ（2㎜厚さの斜め切り）…60g
パセリの茎…2～3本
ローリエ…1枚
白こしょう（粒）…4～5粒

新潟の平押し麩《ぶ》
（または、バゲットの薄切り）…5～6枚
オリーブ油…適量
塩…小さじ1

1 鍋にスープの材料を入れて中火にかけ、煮立つ直前に弱火にし、静かに25～30分間煮る。

2 にんにくは1かけずつに分け、薄皮をむく。2～3㎜の薄切りにして芯を除き、大きければ半分に切る。麩は水でふやかし、水けを絞ってから食べやすく切る。

3 厚手の鍋に、にんにくと、にんにくが浸るくらいのオリーブ油を入れて弱火にかけ、じっくり香りを移す。少し色づいたら、にんにくを取り出す。

4 ③の鍋に麩を入れて中火にかけ、表面がカリッとしてふっくらふくらむまで両面を焼く。

5 ①のスープをざるでこして別の鍋に入れ、塩で味を調える。にんにくと④の麩を加え、味がなじむように弱火で5分間煮る。

※チキンスープは、日本スープ株式会社の「チキンクリアスープ」がよい。

【問い合わせ先】茂仁香（モニカ）
TEL 0467-24-4088
FAX 0467-24-4388

市販のチキンスープの素《もと》（洋風）を使用する場合は、味を確かめて塩をやや控える。

◆スペインでは堅くなったパンをスープに入れますが、日本には低脂肪で、たんぱく質が豊富な麩があります。特に新潟県の平押し麩は、にんにくのスープによく合うのです。

九月

パエリア

ガスパチョ

スペインのバレンシア地方の名物、パエリアと、アンダルシア地方のガスパチョ。日本人は他国のご飯と汁物を取り入れて、より豊かな食卓を目指してほしいですね。

本場スペインでは鍋底が平らで浅いパエリア鍋を使い、調理中は混ぜないのが原則と言われています。ここでは浅めの鍋で、米と煮汁を混ぜて炊き上がりの味わいを均一にしました。

米を洗わずに炒める方法が知られていますが、私は日本的なご飯の食感が好きなので洗っています。具材は別々に炒め、そのエキスをチキンスープに加えてうまみを補っています。そして米を炊いてから具材をのせてオーブンで焼く。これで米、具材のどちらも味わいのあるパエリアに仕上がります。

一方のガスパチョは、イエズス会のスペイン人宣教師、アギレさんに修道院の台所で教わったつくり方です。

すり鉢で塩とにんにくをすり、そこにオリーブ油

a

b

とパンをよくすり合わせ、ねっとりとさせる。そこへトマト汁を少しずつ少しずつ入れてすりのばしていき、油と水分を一体化させるのです。そうするとオリーブ油が分離して浮いてくることはありません。

以前は、ガスパチョの表面にオリーブ油がキラキラ浮いて困っていたんですよ。不都合だなと思っていました。しかしオリーブ油はトマトの酸味を和らげるので入れたい。それがアギレ流すり鉢パン方式で解決しました。すり鉢とすりこ木があるからこそできたのです。

スペインの乾いた空気の中、晴れ上がった青空の下でこれを飲むと、何とも爽やかに生きていける手応えを感じます。蒸し暑い日本でも、ぜひ取り入れてほしい。トマトの裏ごしが面倒なら、トマトジュースで代用してもよいでしょう。各企業が社員食堂で提供してくだされば、うれしいですね。

c

d

パエリア

◉材料（4～6人分）
米…540㎖（3合）
鶏手羽先…6本
えび（無頭／殻付き）…7匹
帆立て貝柱（刺身用）…3～5コ
生しいたけ・しめじ・まいたけ・エリンギ
（合わせて）…100g
あさり（砂抜きしたもの）…10コ
ピーマン（緑・赤・黄）…各1コ
オリーブ（黒・緑／種抜き）…各適宜
たまねぎ（みじん切り）
…1/2コ分（100g）
チキンスープ（53ページ参照）…カップ3
トマトソース（下記参照）…カップ1/2
オリーブ油…適量
白ワイン…カップ1/4
ローリエ…1枚
サフラン…少々（右記チキンスープに20分間浸し、使用）
塩…適量
こしょう…適量

※トマトソース…鍋ににんにくのみじん切り少々、たまねぎのみじん切り大さじ2、オリーブ油少々を入れて弱火にかけ、蒸らし炒めにする。トマト1コ（200g）は皮をむき、ザク切りにして加え、塩・こしょう各少々をふって中火で10分間煮る。

①　米は洗ってざるに上げ、30分間おく。

②　手羽先は先端を切り落とす。えびは殻をむいて背に切り目を入れる。帆立ては縦半分に切る。きのこ類は食べやすく切る。それぞれ塩・こしょう各少々をふる。

③　フライパンにオリーブ油少々と②の手羽先を入れ、中火で表面に焼き色がつくまで焼き、取り出しておく。焼いたときに出てきたエキスは、チキンスープに加える。えび、帆立て、きのこ類も同様に別々に火を入れる。

④　フライパンにあさりと白ワインを入れて中火にかけ、ふたをする。口が開いたら取り出して片方の殻を外す。蒸し汁はチキンスープに加える。ピーマンはヘタと種を除いて食べやすく切り、サッとゆでる。

⑤　耐熱の鍋にたまねぎとオリーブ油大さじ1を入れ、弱火で炒める。ローリエ、①の米を加えて中火で6～7分間炒め、トマトソースを加えて炒める。温めたチキンスープ、塩小さじ1 1/2～2を加え、煮立ったら弱めの中火にし、水分が少なくなるまで混ぜて鍋底から上下を返す。

⑥　⑤の鍋に③を並べてアルミ箔《はく》で覆う。180℃のオーブンで15分間焼いて取り出し、④とオリーブをのせて再びアルミ箔で覆い、5～10分間蒸らす。

ガスパチョ

◉材料（5〜7人分）
トマト…1.5kg
にんにく…1 1/2かけ
オリーブ油…大さじ1 2/3
バゲットの白い部分
（1cm厚さの薄切り）…2〜3枚

レモン汁…小さじ1
塩…適量
浮き実
たまねぎ（5mmの角切り）…カップ2/3
ピーマン（5mmの角切り）…カップ2/3
セロリ（5mmの角切り）…カップ2/3

① トマトは皮をむき、横半分に切って種の部分を取り、こし器で裏ごしする。種の部分もこし器を通して種だけを除いて加え、合わせて約カップ5のトマト汁を用意し、冷蔵庫で冷やす。

② すり鉢に塩小さじ1とにんにくを入れ、すりこ木でよくする（56ページの写真ⓐ）。オリーブ油を加えてすり、一口大にしたバゲットを加え（同写真ⓑ）、ねっとりするまでよくする。

③ ①のトマト汁を少しずつ加え（57ページの写真ⓒ）、ダマにならないようにすりのばしていく（同写真ⓓ）。塩小さじ1/2とレモン汁を加えて味を調える。器に注ぎ、浮き実を添える。

※道具は煮沸消毒しておくこと。
※ミキサーでかくはんするとオリーブ油が分離して浮いてしまうので、すり鉢を使うこと。

ご飯のお供

煮たくあん

「たくあんの本来は、食べ終えようとする期間を逆算して、その干し方、塩とぬかを手加減します。一年で食べ終える漬け方のものは、土用を越すと酸敗します。半年以上、塩と重石の影響を受けつつ酸敗したものの妙味が、煮たくあんの底味、歯ざわりになってゆきます。また、このように扱わねばなりません。（『辰巳芳子の旬を味わう』NHK出版）」

20年以上前の本からの引用です。漬物なしの食卓にはしまりがないと今でも思っています。しかし、今後は漬物の見方を変えていくべきです。大根や青菜がいつでも生で手に入るとは限りません。漬物として保存食にし、煮たくあんのようにさらにそれを展開していく発想が重要となるでしょう。

◉材料（つくりやすい分量）

たくあん…1本
赤とうがらし…3〜4本
梅干し…1〜2コ
煮汁（酒・水各2に対し、
しょうゆ1の割合）…適量

1. たくあんは、よく研いだ包丁でこれ以上薄く切れないほど薄く切る。
2. ボウルに移して水にさらす。水をかえて塩け、酸味、くさみを抜く。1枚食べて確認し、抜きすぎに注意する。
3. ②のたくあんを歯触りが残るようにサッとゆでる。
4. ボウルに移して再び水にさらす。水の中でたくあん数枚を両手のひらではさみ、形がくずれないように水けを絞る。
5. きれいに洗った鍋にたくあんを平らに並べる。
6. 別の鍋に煮汁、赤とうがらし、梅干しを入れて中火にかける。煮汁は⑤の鍋に入れたときに、たくあんの上1cmの高さになる分量が目安。煮立ったら⑤の鍋に注ぎ、弱火で煮汁がヒタヒタになるまで煮る。
7. 冷めたら清潔な保存容器に入れる。冷蔵庫で10日間保存可能。

日本の食料自給率

その1　食料自給率とは

食料自給率とは、我が国の食料全体の供給に対する国内生産の割合を示す指標です。
その示し方については、単純に重量で計算することができる品目別自給率と、食料全体について共通の「ものさし」で単位を揃えることにより計算する総合食料自給率の２種類があります。このうち、総合食料自給率は、熱量で換算するカロリーベースと金額で換算する生産額ベースがあります。

品目別自給率

以下の算定式により、各品目における自給率を重量ベースで算出しています。なお、品目別自給率では、食用以外の飼料や種子等に仕向けられた重量を含んでいます。

品目別自給率＝国内生産量／国内消費仕向量
（国内消費仕向量＝国内生産量＋輸入量－輸出量－在庫の増加量（又は＋在庫の減少量））
例　小麦の品目別自給率（平成30年度）＝
小麦の国内生産量（76.5万トン）／小麦の国内消費仕向量（651.0万トン）＝12％

総合食料自給率

食料全体について単位を揃えて計算した自給率として、供給熱量（カロリー）ベース、生産額ベースの2とおりの総合食料自給率を算出しています。畜産物については、輸入した飼料を使って国内で生産した分は、総合食料自給率における国産には算入していません。

カロリーベース総合食料自給率

カロリーベース総合食料自給率は、基礎的な栄養価であるエネルギー（カロリー）に着目して、国民に供給される熱量（総供給熱量）に対する国内生産の割合を示す指標です。

カロリーベース総合食料自給率（平成30年度）
＝１人１日当たり国産供給熱量（912kcal）／
１人１日当たり供給熱量（2,443kcal）＝37％

分子及び分母の供給熱量は、「日本食品標準成分表2015」に基づき、各品目の重量を熱量（カロリー）に換算したうえで、それらを足し上げて算出しています。

生産額ベース総合食料自給率

生産額ベース総合食料自給率は、経済的価値に着目して、国民に供給される食料の生産額（食料の国内消費仕向額）に対する国内生産の割合を示す指標です。

生産額ベース総合食料自給率（平成30年度）
＝食料の国内生産額（10.6兆円）／
食料の国内消費仕向額（16.2兆円）＝66％

分子及び分母の金額は、「生産農業所得統計」の農家庭先価格等に基づき、各品目の重量を金額に換算したうえで、それらを足し上げて算出しています。

農林水産省のホームページから食料自給率について抜粋しました。
我が国の現状をしっかりと把握してください。
ちなみに平成30年度の品目別自給率で、米は97％です。
しかし、大豆は6％しかありませんでした。

その2　食料自給率の推移

我が国の食料自給率は、自給率の高い米の消費が減少し、飼料や原料を海外に依存している畜産物や油脂類の消費量が増えてきたことから、長期的に低下傾向で推移してきましたが、カロリーベースでは近年横ばい傾向で推移しています。

昭和40年度以降の食料自給率の推移

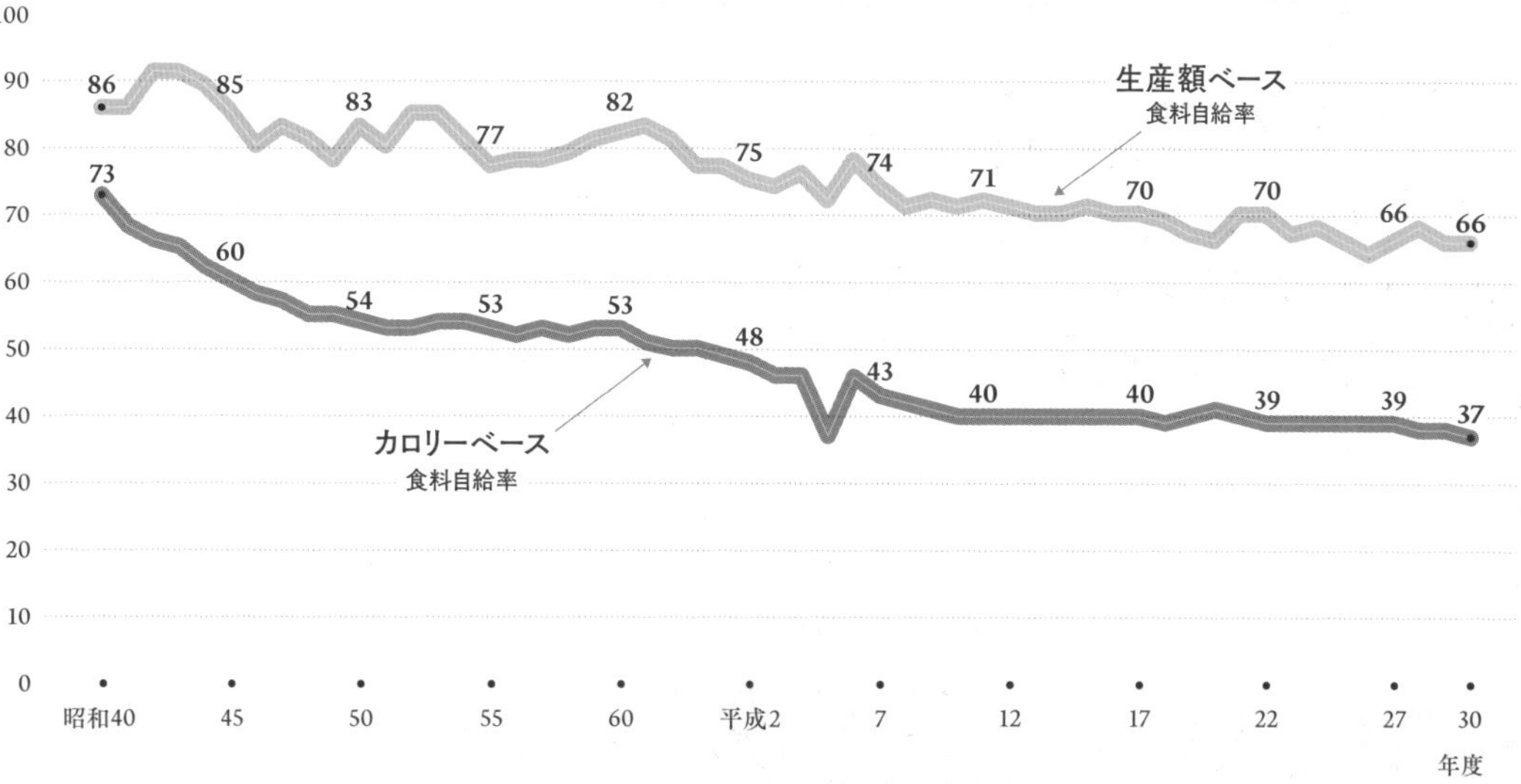

我が国と諸外国の食料自給率

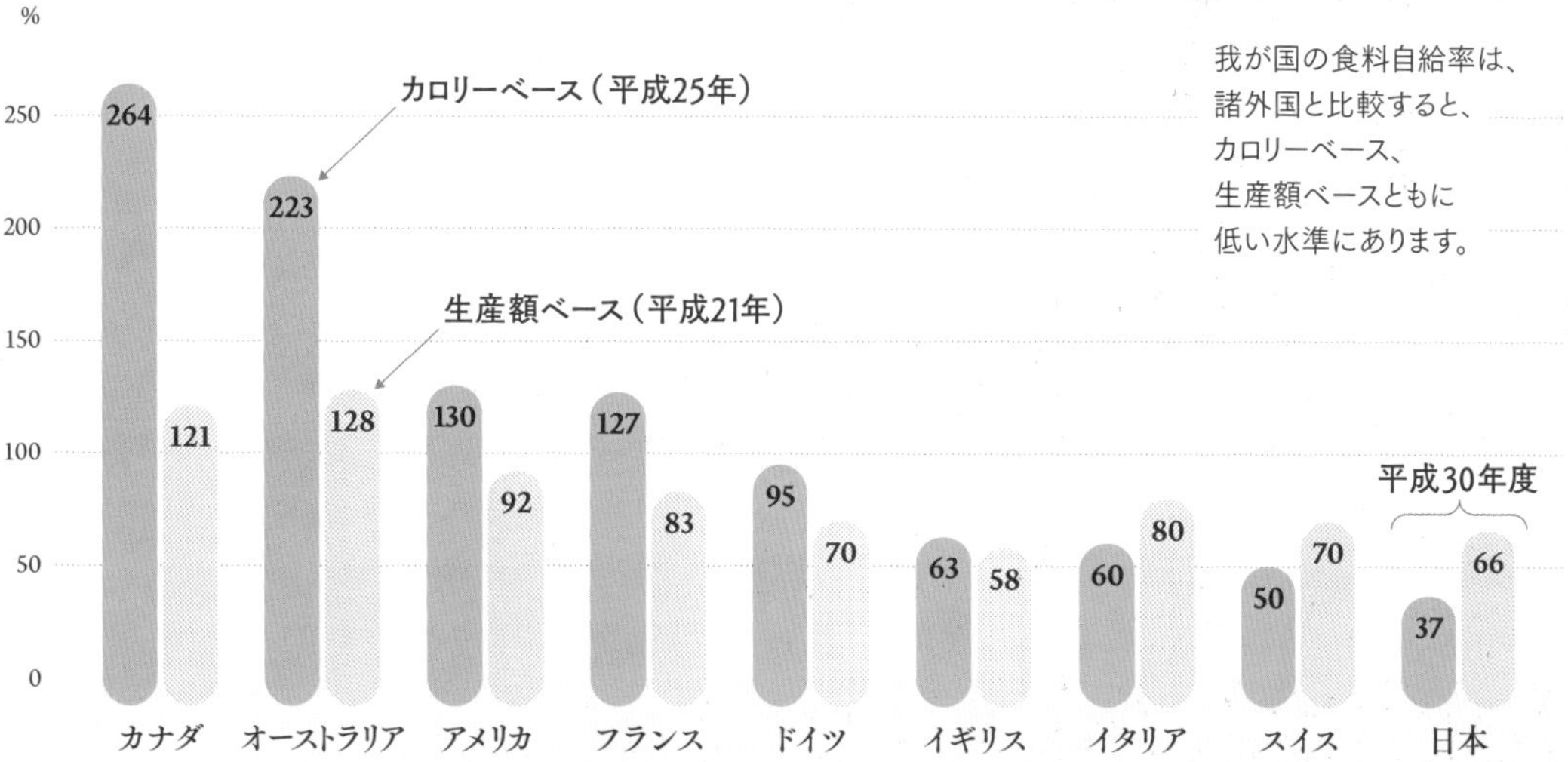

資料：農林水産省「食料需給表」、FAO"Food Balance Sheets"等を基に農林水産省で試算。（アルコール類等は含まない）
注1：数値は暦年（日本のみ年度）。スイス及びイギリス（生産額ベース）については、各政府の公表値を掲載。
注2：畜産物及び加工品については、輸入飼料及び輸入原料を考慮して計算。

第三章

十～十二月

十月
かやくご飯
天ぷらのみそ汁

米と一緒に野菜、雑穀、芋などを炊き込んだご飯を、糧飯《かてめし》と言います。米が貴重だった時代、米をかさ増しして食いつないでいくために考えられました。

新米の収穫前、1年間の保存で味の衰えた米は、旬の根菜を炊き込むことで力を補うことができます。秋を迎えていく時季に、根菜の力は必要なんだと思います。かやくご飯、けんちん汁、根菜の煮しめなどは食べていかなければならないものです。かやく（加薬）ご飯の名のごとく、お薬の代わりではないでしょうか。

かやくご飯に入れる食材は、ご飯と調和するようにできるだけ細く、特にごぼうは普通のささがきより薄く切ってください。手で持って鉛筆のように削る切り方では、ごぼうが動いて安定せず、均一になりません。まず、まな板にごぼうの端を当ててささがきにします。次に下の写真のように、ささがきの上にごぼうをのせてささがきにすると、下がクッシ

ョンになって滑らず、均一の薄いささがきになるのです。

天ぷらのみそ汁は、鍋にみそ汁、皿に天ぷら、汁物兼主菜として食する提案です。意外ですが、天ぷらはみそ汁に合います。みそ汁の概念が変わるかもしれません。

あなごの天ぷらはくせがなく、上品な味わいでみそ汁には最も重宝します。あじ、いわしなどの魚も適しているでしょう。天ぷらを揚げるのが面倒でしたら、市販の天ぷらを買ってくればよい。鍋にみそ汁を温めておき、天ぷらをオーブントースターでアツアツにして椀《わん》に盛り、熱いみそ汁を注いで、すぐに食べてください。カリッとした天ぷら、油のうまみが広がったみそ汁、みそ汁を含んでしなっと変化した衣。天ぷらの数が少なくても満足しますよ。お年を召した方はたんぱく質が不足しがちです。天ぷらをみそ汁の具として食べることで、自らを守っていただきたいですね。

かやくご飯

◉材料（4〜6人分）

米…カップ3（600㎖）
干ししいたけ…3〜4枚
油揚げ…1 1/2枚
ごぼう…70g
にんじん…70g
昆布（5㎝四方）…2枚
A 酒…大さじ3
　しょうゆ…大さじ2〜2 1/2
　塩…小さじ1/2
青柚子《ゆず》の皮（みじん切り）…適量

1. 干ししいたけは水につけて戻す。戻し汁はとっておく。米は炊く1時間前に洗ってざるに上げる。
2. 1のしいたけは軸を切り落とし、薄切りにする。油揚げは熱湯でサッとゆでて水けをきる。袋を開き、長い辺を4等分に切ってから細切りにする。ごぼうは洗って薄いささがきにし、ヒタヒタの水につけて洗い、水けをよくきる。にんじんは3〜4㎝長さに切り、縦にせん切りにする。

3. 米を炊く30分前に、しいたけの戻し汁と水を合わせてカップ3を用意し、炊飯器に米とともに入れる。
4. 炊飯器に2、昆布、Aを加えてよく混ぜ、普通に炊く。
5. 炊き上がったら昆布を取り出し、混ぜて器によそい、青柚子の皮を散らす。小なすのからし漬けと煮たくあんを添える。

天ぷらのみそ汁

◉材料（4〜6人分）

あなごの天ぷら…8〜10コ
（下記参照／市販の天ぷらでよい）
みょうが…2〜3コ
煮干しだし（124ページ参照）…カップ6
みそ…大さじ4〜5
細ねぎ（小口切り）…適量
一味とうがらし
（または七味とうがらし）…適量

① 鍋に煮干しだしを入れて中火にかけ、煮立たせないよう火加減を調整し、みそを溶き入れる。

② みょうがは縦4等分、または縦に薄切りにする。

③ あなごの天ぷらはオーブントースターで温め、②のみょうがとともに器に盛る。

④ あなごの天ぷらとみょうがを椀《わん》に盛り、みそ汁を椀の縁から注ぎ、細ねぎと一味とうがらしをあしらう。

◆天ぷらが得意な方は、鮮魚店であなごを下処理してもらい、ご自分で揚げてみてはいかがでしょうか。揚げたてをみそ汁で食べるぜいたくは、なかなか味わえない経験です。

◆みそは好みの種類で結構です。もし、みそにこだわりのある方でしたら、やや辛めの赤みそ7に対し、好みのみそ3の割合ですり鉢でよくすり合わせ、だしを少しずつ注いで溶きのばすと、あなごの天ぷらに抜群に合います。

十二月

麦ご飯
とろろ汁

とろろ汁はほかの国ではあまり見かけない食べ方です。長芋、いちょう芋、つくね芋、じねんじょなどは、生で食べられる世界的にも珍しい芋だと思います。日本人の祖先は米に気づく前、里芋や山芋などでおなかを満たしていたのではないでしょうか。

粘りけは、長芋、いちょう芋、つくね芋、じねんじょの順に強くなります。じねんじょは希少で入手困難。つくね芋は近畿地方が主な産地で、大量に流通している芋ではありません。とはいえ、強い粘りと濃厚な味わいが、とろろ汁に適していますので、一度お試しください。

とろろ汁には八方つゆをあらかじめ用意しておきます。八方というくらいですから、あらゆる料理に向いている万能つゆという意味です。煮物、そばつゆ、親子丼にも活用できますので多めにつくっても心配ありません。

つくね芋はすり鉢ですりおろします。このすり仕

事は、母が私に子どものときから手伝わせていました。すり鉢は凸凹の効果がすばらしい調理道具。とろろづくりで、すり仕事を後世へと引き継いでいきたいですね。

　しかしながら、日本のすり鉢には非合理的なところもあります。それはすり鉢とすりこ木の接触する面積が少ないこと。すりながら毎回感じていました。そして自分で使いやすいように改良したのが下の写真のすり鉢とすりこ木です。すりこ木の底を大きくし、すり鉢の側面の形を工夫し、接触面積を増やしました。これにより、する手間は1/3に減り、効率は3倍に上がりました。主体は人間ですから、道具に人間が合わせるのではなく、人間に道具が寄り添うように改善したいものです。

　麦ご飯には大麦を平らにつぶした押し麦を入れます。米7に対し、麦3にしましたが、米が減るにつれて粘りも少なくなります。お好みで割合を変えてください。とろろ汁に麦ご飯はよく合います。

麦ご飯

◉材料（２〜３人分）
米…２５２㎖
押し麦…１０８㎖
※米７対押し麦３の割合。合わせて
　３６０㎖（２合）

1 米は洗ってざるに上げ、30分間おく。押し麦も洗って10分間水に浸し、ざるに上げて30分間おく。

2 炊飯器に米と押し麦を入れ、2合の目盛りまで水を注いで普通に炊く。

3 炊き上がったら、しゃもじで混ぜて器に盛り、たくあんを添える。

とろ汁

◉材料（つくりやすい分量）

つくね芋…1コ（約300g）

八方つゆ

だし…カップ2〜$2\frac{1}{2}$

酒…カップ1

みりん…カップ$\frac{2}{3}$

うす口しょうゆ…カップ$\frac{1}{2}$

ねぎ（小口切り）…適量

わさび…適量

ⓐ

① 八方つゆをつくる。鍋に八方つゆの酒とみりんを入れて中火にかけ、アルコール分をとばす（煮きる）。だしとうす口しょうゆを加え、煮立てないように温める。火から下ろして冷ます。

◆だしは昆布とかつお節で濃いめにつくってください。

◆八方つゆは多めにできるので、密封容器に入れて冷蔵庫で保存するとよいでしょう。4日間保存可能です。

② つくね芋は皮をむき、すり鉢にこすりつけてすりおろす（写真ⓐ）。全部をすりおろしたら、すりこ木でなめらかになるまでする。

◆つくね芋の皮は、手で持つ部分を残しておくと、滑らずにすりやすい。

③ ②のすり鉢に八方つゆを少しずつ注ぎながら、すりこ木でよくすり混ぜる。味をみて、よい塩梅になるまで八方つゆを加えては混ぜる。

④ ねぎとわさびを添える。麦ご飯にかけて食べる。

小豆ご飯
かぶの白みそ仕立て

十

数年前から小豆を扱うと手がとてもきれいになると感じていたので、何か体のいらないものを小豆が排除してくれるのではないか、と直感で思っていました。実際、小豆は栄養学的に疲労回復、むくみ解消に効果があると言われています。

昔は毎月一日と十五日に小豆ご飯を食べる習慣がありました。先人たちは小豆の効能を経験的に感じていたのかもしれません。

小豆を砂糖と結びつけず、あんことしてではなく食生活に取り入れるには、ゆで小豆を多めにつくり、冷凍して常備することをおすすめします。

小豆は「渋きり仕事」をするか否かが重要な味の分かれ道。渋きりをすることでアクが抜け、えぐみのないゆで小豆に仕上がるのです。

もう一つの勘どころは、米と一緒に炊くことを考慮して堅めの七分《ぶ》どおりにゆでること。かむと、一瞬の堅さのあとに柔らかい食感が目安です。歯に当

たるとすぐくずれる九分どおりでは、炊いている間につぶれてしまいます。この加減が身につくまで何度も試してください。

かぶのみそ汁は白みそ仕立てにしました。白みそは京都の西京みそが代表的で米こうじの甘さが寒い季節においしく感じます。一方、暑い時季にはしっかりめの赤みそ、例えば八丁みそでつくったみそ汁をお出しすると喜ばれます。ここでは白みそに一般的な中辛みそを少々混ぜ合わせています。

できれば、みそは白・中辛・赤の3種類をそろえていただきたい。そして季節で配合を変えて混ぜ合わせる心配りが欲しいものです。

小豆ご飯

小豆のゆで方

①小豆（カップ3～4）は一晩水に浸す。水を捨て、厚手の鍋に小豆とたっぷりの水を入れて中火にかける。

②沸騰したらアクを取り、弱火にする。三分《ぶ》どおりゆでたら盆ざるに上げる。1粒かんで、やや堅いが芯はないくらいが三分どおり。芯があるようではゆで足りない。

③渋きりをする。流水を手で受け、盆ざるの小豆にまんべんなく水をかけながら渋（アク）を洗い流す。

④小豆を再び鍋に入れ、水を小豆の容積の2.5倍注ぎ、中火にかける。煮立ったら小豆が躍らない程度の弱火にし、アクを取る。

⑤七分どおり（一瞬の堅さのあとに柔らかい食感）ゆでたら火から下ろして冷ます。1回の使用分ずつ、ゆで汁ごと冷凍用保存袋に入れる。冷凍庫で1か月間保存可能。

小豆ご飯の材料とつくり方

◉材料（4～6人分）

米…カップ3（600㎖）

小豆…カップ$\frac{2}{3}$（七分どおりゆでたもの）

小豆のゆで汁＋水…カップ$3\frac{1}{3}$弱（660㎖）（米の1割増）

塩…小さじ1～$1\frac{1}{2}$

①米は炊く30分前に洗い、ざるに上げる。

②炊飯器に①を入れ、小豆、分量のゆで汁と水、塩を加えて普通に炊く。

かぶの白みそ仕立て

◉材料（2～3人分）

かぶ…2～3コ
かぶの葉…適量
煮干しだし（124ページ参照）…カップ3
合わせみそ（白みそ2に対し、
　中辛みそ1の割合）…大さじ2～3

①かぶは皮を厚めにむき、縦に食べやすい厚さに切る。かぶの葉は食べやすい長さに切り、サッとゆでておく。

②すり鉢に合わせみそを入れ、よくすっておく。

③鍋に煮干しだしとかぶを入れて中火にかける。煮立ったら弱火にし、玉じゃくしで煮汁を適量すくって②のすり鉢に入れ、みそを溶きのばして鍋に戻し入れる。かぶの葉も入れて温める。火から下ろし、器に盛る。

堀江家の赤飯

この赤飯は、料理研究家の故・堀江泰子さんが考案しました。「娘たちの代に無理なく伝えるためには、手早く、失敗なくできることが大切」と、もち米を前の晩から水に浸さないつくり方はとても重宝で、辰巳家は30年以上前から堀江家式赤飯になっています。

◉材料（4〜6人分）
もち米…カップ3（600㎖）
小豆…カップ$\frac{1}{3}$
塩…小さじ$\frac{2}{3}$
黒ごま…適量

①もち米は蒸す1時間以上前に洗い、水に浸しておき、蒸す10分くらい前にざるに上げ、水けをきる。

②小豆はたっぷりの水から柔らかくなるまでゆで（途中、差し水をする）、小豆とゆで汁に分ける。

③②のゆで汁に水を足してカップ$1\frac{3}{4}$にし、鍋に入れて塩を加え、煮立てる。

④③の鍋にもち米を加え、強火で時々しゃもじで混ぜながら汁けをほとんど吸わせて火を止める。小豆を加えて混ぜる。

⑤蒸気の立った蒸し器に、水でぬらした蒸し布を敷き、④を入れて広げ、強火で25〜30分間蒸す。表面のもち米が透き通ったら蒸し上がり。全体を軽く混ぜ、器に盛って黒ごまをふる。

玄米スープ

日本人のいのちと深く深く結びついた玄米。その玄米を梅干しと昆布とともに煮出した玄米スープは、余分なものをそぎ落とした滋養あふれるエキスです。お米独特のうまみで、食欲が落ち込んだときでも、おいしく召し上がることができます。

玄米の質にはくれぐれも留意してほしいですね。根幹的なものほど食材に気を遣いましょう。玄米を水に浸しておくのは、玄米のでんぷん質に水を含ませるため。水を含ませると、玄米のうまみが程よく抽出されるのです。

玄米は白米に比べ、食物繊維をはじめとする、たくさんの栄養素が豊富に含まれています。特に御病人は毎日のお茶代わりとして、できれば1日玄米80g分を煮出して飲むことをおすすめします。

玄米は我々の「骨肉」。いのちと言ってもよいものです。玄米の性格に即した食べ方を知って、日本の暑さ、寒さを乗り越える力を養ってください。

玄米を炒《い》る

玄米スープの基本は、
炒る作業にあります。
水を含んだ玄米のでんぷん質を
ぐ〜っとふくらませるのです。
焦がさないで
はぜさせるのがなかなか難しい。
全体の1割をはぜさせるつもりで、
サッサッサッサッと木べらで
玄米を動かし続けます。

●材料（つくりやすい分量）
玄米…カップ2（300g）

1 玄米は水で洗い、ボウルに入れる。たっぷりの水を注いで30分間浸して（写真ⓐ）、ざるに上げて6時間ほどおく。

2 厚手で油けのない平鍋を用意する。火力全開を10とすると7の火にかけ、鍋を温めてから、玄米を入れる。最初はやや強い火にかけて玄米を炒る（写真ⓑ）。

3 玄米全体を木べらで動かしながら5〜10分間ほど炒ると、玄米が小麦色になり、はぜる音が聞こえてくる（写真ⓒ）。火力全開を10とすると3〜4の火に弱め、玄米を炒る。はぜさせるのは玄米の中のでんぷん質を表に出すため。でんぷん質を表に出し、栄養分をよりスープに煮出す。玄米がはぜ始め、ピチピチとした音を聞くのはよいものである。

4 絶えず木べらを動かしながら炒り、色づかせる。写真ⓓは炒り始めてから15分後。香りと音に集中しながら、へらをあきれるほど絶え間なく動かす。何度もつくり、この感覚を我がものとすること。

5 約20分間炒ったら紙の上にあけて粗熱を取る。瓶などに入れて常温で1週間ほど保存可能。それ以上は油くささが出てくる。

ⓐ

ⓑ

ⓒ

ⓓ

玄米を炊く

◉材料（カップ4弱分）

玄米（炒ったもの）…80g
昆布（5㎝四方）…2～3枚
梅干し…1コ
（梅干しの種3コでもよい）

① ホウロウのポットなどに、炒った玄米、昆布、梅干し、水カップ5を入れ、ふたをして中火にかける。対流すると栄養分が抽出しやすいので、鍋ではなくポットを使う。

② 煮立ったらふたをずらし、弱火にする。フツフツと30分間ほど炊き、味をみてこす。

大寒汁

むかごご飯

長芋、いちょう芋、じねんじょなどの山芋は、春から夏にかけて地上につるを伸ばし、ハート形の葉をいっぱいにつけます。秋になり、葉の付け根にできる肉芽が、むかごです。土に埋めれば芽が出ます。いわば山芋の子どもですから、芋と同様に精がつくはず。米などでんぷんの消化を助ける働きや疲労回復効果があるとも聞いています。こういうものを忘れてはなりません。

むかごは炊き込みご飯にしたときに本領を発揮します。山芋とはまた異なるほっくりとした食感を味わってほしいものです。

汁物は大寒汁。合わせみそを一番だしで溶き、ぶりと大根を主体にした汁物です。ぶりと大根の扱いをよく見ていただきたい。

ぶりのカマに塩をふって2時間以上おき、レモン汁をふりかけて焼き、さらに煮きり酒に30分浸す。生ぐさみを解消するため、丁寧に下ごしらえをしてあります。

大根は細切りにしてから1時間以上風干しにします。するとしないでは大違い。特有の大根臭が解消されるうえに汁を吸収しやすくなるのですから。風仕事は晩秋から冬にかけてが最も適しています。ちょうどぶりに脂がのる時季です。風仕事は日本の風土のもとで育まれてきました。残していきたい食の知恵だと思います。

手間はかかりますが、かけた甲斐《かい》のある格別な汁物です。くれぐれも汁の中に具材を一度に入れないように。食す分だけを適切な時間で温めましょう。

むかごご飯

◉材料（4～6人分）

米…カップ3（600㎖）
むかご…カップ2/3
水…カップ3 1/3弱（660㎖）
昆布（5㎝四方）…1枚
酒…大さじ1 1/2～2
うす口しょうゆ…小さじ1 1/2
塩…小さじ1強
しょうが…適量

1. 米は炊く1時間前に洗い、ざるに上げておく。
2. むかごは皮をきれいに洗う。
3. 炊飯器に米から塩までの材料を入れ、軽く混ぜて普通に炊く。
4. しょうがはみじん切りにする。炊きたてのむかごご飯に加え、混ぜ合わせる。

ⓐ

ⓑ

大寒汁

◉材料（つくりやすい分量）

ぶり（切り身、カマなど）…約800g

A 塩…24g（ぶりの重さの3％）
　レモン汁…少々

B 煮きり酒…適量
　うす口しょうゆ…少々

大根…1/3本（400g）

ねぎ…2〜3本

せり…適量

一番だし（126ページ参照）…カップ10

合わせみそ（白みそ4に対し、
　中辛みそ3の割合）…適量

① ぶりは食べやすい大きさに切り、Aの塩をふって軽くなじませて2時間以上おく。

② 出てきた水分はペーパータオルで拭き取り、Aのレモン汁をふりかける（写真ⓐ）。Bは混ぜ合わせておく。

③ 魚焼きグリルにぶりを入れて中火にかける。焦げそうになったら弱火にし、アルミ箔《はく》などで覆って中まで火を通す。または180℃に温めたオーブンに入れ、中まで火を通す。

④ ぶりが焼けたら熱いうちにBに浸す（写真ⓑ）。時々上下を返して30分間おく。

⑤ 大根は5〜6㎝長さの細切りにする。ざるに広げ、風通しのよい日陰に1時間以上おく。時々上下を返す。日光に当てすぎると水分が抜けすぎて汁には向かなくなるので注意する。

⑥ ねぎは2㎝長さに切り、ぶりと同様に焼いて焼き色をつける。せりは3㎝長さに切る。

⑦ 合わせみそを一番だしで溶きのばし、鍋に注いで中火にかける。ぶりを入れ、六分《ぶ》どおり温まったところに大根とねぎを入れ、十分に温まったら器に盛る。せりは汁の中をくぐらせて器に添える。

十二月

焼き餅入り けんちん汁

師走は正月に向け、ご飯の代わりに餅を紹介します。餅は祝いの席にふさわしい清らかな食べ物です。しかし見方を変えれば、日もちがして持ち歩ける便利な携帯食であり、非常食でもあります。消化もよく、子どもにもお年寄りにも好まれます。

その餅を焼き、けんちん汁に入れ、なじませて食べていく提案です。焼いた餅の香ばしさが一つの喜びになります。焼きむすびとは違うにおい。香ばしいにおいと汁がよく合います。

けんちん汁には根菜をたっぷり入れて。根菜は、土とその土地に暮らす人との関係を明確に示してくれます。土と人との関係を言葉にするのは難しい。しかし、根菜は土を具現化していて、土というものを人に再認識させる力があるのです。そういう視点でけんちん汁を考えると、かやくご飯や煮しめと同様、日本人が風土とともに食してきた証しであることがわかります。

ただ、従来のけんちん汁では根菜のアクが豆腐に移ってしまい、不都合な汁になってしまいます。そこで私はイタリアのミネストローネの「蒸らし炒め」を取り入れました。蒸らし炒めとは22～23ページでも説明しましたが、野菜に汗をかかせ、素材の持ち味を引き出す手法。同時に油でアクを解消することができるのです。まず、最も重要で最もくせのあるごぼうから蒸らし炒めにし、くせの強い順に具材を入れていきます。すると、それぞれの具材の個性が際立った汁になります。

　母に食べさせたら喜んでね。母は料理に関してはものすごい国粋主義者だったのですが、「これからうちのけんちん汁はこれにしよう」と完全にイタリア式になりました。

　けんちん汁をおっくうがらずにつくってくださるといいですね。日本人が大好きなカレーと同じような気持ちで取りかかってほしい。そして焼き餅を入れて正月のみならず日常でも味わってみてください。

焼き餅入りけんちん汁

◉材料(10人分)

ごぼう…100g
にんじん…150g
れんこん…150g
大根…500g
里芋…300g
干ししいたけ…4~5枚
こんにゃく…$\frac{2}{3}$枚
油揚げ…$1\frac{1}{2}$枚
木綿豆腐…1丁(350g)
煮干しだし(124ページ参照)…カップ10
オリーブ油…大さじ$2\frac{1}{2}$
塩…適量
うす口しょうゆ…適量
切り餅…10枚

①ごぼうは5㎜厚さの輪切りにし、ヒタヒタの水に浸してアクを抜く。にんじん、れんこんは7㎜厚さのいちょう形に切り、水に10分間浸す。大根は1㎝厚さのいちょう形に切る。里芋は皮をむき、布巾で汚れをきれいに拭き取って一口大に切る。

②干ししいたけは水で戻し、軸を除いて4~6つのそぎ切りにする。こんにゃくは塩少々でもみ、熱湯でゆでてから7㎜厚さ、2㎝四方に切る。油揚げは熱湯で油抜きをし、2㎝四方に切る。

③水で洗ったごぼうとオリーブ油を鍋に入れて弱火にかけ、ふたをする。時々ふたを開け、木べらで静かに返し(写真ⓐ)、五分《ぶ》どおりの蒸らし炒めにする。

④にんじん、れんこん、こんにゃく、大根の順に加え、そのつど蒸らし炒めにし、七分どおりに火を通し、しいたけを加える。

⑤温めた煮干しだしをヒタヒタに注いで中火にし、油揚げ、塩小さじ1、うす口しょうゆ大さじ2を入れ、煮立ったら里芋を加える。途中で残りの煮干しだしを注ぎ入れ、煮立てないように火加減を調整する。

⑥里芋が柔らかくなったら豆腐をくずし入れる(写真ⓑ)。味をみて足りなければ、塩少々、うす口しょうゆ大さじ1~2を加える。

⑦餅はオーブントースターなどで焼く。焼き上がったら⑥の鍋に加え、軽くなじませてから器に盛る。

◆豆腐を仕上げに入れることで、野菜のアクがしみ込みません。

◆余ったら、汁と具に分けて保存すると、翌日でもおいしく食べることができます。汁の中に具を入れたままでは味がぼやけてしまいます。

a

b

しょうゆについて

ヒゲタ醤油株式会社 取締役相談役
濱口敏行

日本の食は昔から、一汁三菜と言われます。一汁は汁物、三菜は料理を3品ということです。この三菜の材料は、四方を海に囲まれた日本の恵まれた新鮮な魚や野菜、それを生で、焼いて、煮て食べてきました。そして汁物はみそ、しょうゆ、だしで味つけします。そのような食文化を長年にわたり、営々と築き、日本の食文化を形づくってきたわけです。ですから食の伝統から言えば、みそとしょうゆがないと日本料理は成り立ちませんでした。

そのことを如実に示すエピソードを2つ、ご紹介いたします。

第二次世界大戦の敗戦で日本の経済活動は壊滅的な状況となり、あらゆる物資が不足し、食材面でもすべての国民の必要量を満たすことはとてもかないませんでした。それで進駐軍はしょうゆの醸造に1年もかかっているのでは需要を賄えないとして、もっと速成できるようにアミノ酸しょうゆを奨励しました。少しでも国民のしょうゆに対する需要を満たそうとしたのです。つまり醸造しょうゆでなくても「しょうゆのような調味料」が売れたのです。いざなくなると、しょうゆに近いものでも高く売れた時代があったわけです。

もう一つの事例ですが、戦争中に物が不足してきた時代には、しょうゆ業界は国により、統制会社に統一され、生産と配給が計画的に遂行されました。つまり、いかに

右 まず、蒸した大豆と炒《い》って砕いた小麦を混ぜ、種こうじを加えて「しょうゆこうじ」をつくる。このしょうゆこうじに食塩水を加えて諸味《もろみ》とし、タンクに仕込む。この状態で6か月間かけて発酵、熟成させる。左 諸味の表層にはアルコール発酵により、二酸化炭素が発生し、泡が浮き上がる。

日本人にとってしょうゆが大切な物資であったかを示すものであると思います。

しょうゆ醸造に関しての私どもの考えは次のようなものです。


私どもは、しょうゆ造りを単なるものの製造とは考えておりません。しょうゆ造りは農業そのものと思っています。つまり微生物がしょうゆを造る、人の役割はその微生物の働きを助けること、空気を送るとか、温度を調整するとかして、微生物が働きやすい環境をつくることだと考えています。したがって、しょうゆも野菜と同じように人がつくるのでなく、自然がつくるものと思います。

ですからしょうゆ造りは、日本の風土、民族性、食文化の土壌に合ったものとして、歴史的にでき上がってきました。その地域によって、その蔵の職人さんの技によって、多様性を持ったしょうゆが生まれます。しょうゆ造りは農業と同様に風土によって異なるのです。

日本のしょうゆは中国から伝わったのですが、原料に大豆だけの中国しょうゆと違って小麦が入っています。これは江戸、元禄時代にヒゲタの創設者である田中玄蕃《げんば》が、たんぱく質源としての大豆とともに、でんぷん源の小麦を原料に加え、より風味と味のよい日本式しょうゆを造り上げた歴史でもあります。しょうゆの甘みは、小麦のでんぷんが醸造中にブドウ糖に変化することで生まれます。また、小麦にもたんぱく質が含まれており、大豆のたんぱく質とともにこうじ菌の酵素でアミノ酸に分解され、うまみとなるのです。

今後、私たちを取り巻く環境は急速な変化を遂げることでしょう。そのときに辰巳先生の「食といのちのつながり、食べるということは、ひとのいのちとつながっている＝いのちの循環」という哲学を忘れてはいけないのではないでしょうか。
しょうゆについて言えば、私どもは料理の調味料の一つとして提供しているのにすぎないので、「いのちの循環」の中で、人が常においしく食し、幸せに生きることのお手伝いができれば、しょうゆ自体はどのように変わってきてもいいと考えています。

はまぐち・としゆき
１９４３（昭和18）年、神奈川県生まれ。上智大学経済学部卒業。１９７０年、バージニア大学経営大学院を修了し、ＭＢＡ（経営学修士）取得。１９７９年、ヒゲタ醤油株式会社に入社。２００２年に代表取締役社長、２０１９年から現職。日本醤油協会理事を務めた。

写真提供：ヒゲタ醤油株式会社

八丁味噌について

合資会社 八丁味噌（屋号 カクキュー）代表社員 十九代
早川久右衛門

日本人は永年にわたり、毎日の食事にみそを取り入れてきました。地産地消という言葉があるように、生まれ育った地域の食品を取り入れることで違和感なく健康的な生活を送ることができるのではないでしょうか。みそは人が生きていくために欠かせないたんぱく質やビタミンを多く含み、みそ汁を飲むことで心も体もリラックスできる、日本人にとって欠かせない調味料なのです。

みその種類は大きく分けて米みそ、麦みそ、豆みその3種類に分類されます。これはこうじをつくるための材料によって呼び名が変わります。米みそはお米にこうじ菌を生育させて「米こうじ」をつくり、煮た大豆か蒸した大豆と塩、水分調整の水を混ぜ合わせて仕込むため「米みそ」と呼びます。八丁味噌は蒸した大豆を握り固めた「みそ玉」にこうじ菌を生育させて「豆こうじ」をつくり、塩と水を混ぜ合わせて仕込む「豆みそ」に分類されます。

愛知県岡崎市八帖町（旧八丁村）のカクキュー（当社）ともう一軒の蔵元（まるや）の2軒が江戸時代初期から木桶《おけ》に仕込み、天然の川石を職人の手で円錐《すい》状に積み上げて天然醸造で熟成をさせる伝統製法で八丁味噌を造り続けています。この独特の製法と際立った味の特徴から、豆みその代表格として表現されてきました。酸味、渋みを伴うコクが特徴で、懐石料理など日本

右　色が濃く、堅い。濃厚なうまみがある。
左　直径・高さ、ともに6尺（約1.8ｍ）の木桶に約6トンの八丁味噌を仕込む。約3トンの石を円錐状に積み上げ、二夏二冬（2年間以上）熟成させる。

食には欠かせないみその一つです。
日本は南北に長いため、地域により気候風土に特徴があり地域ごとに食の多様性があります。その中でもみそは各地にさまざまなバリエーションがあり、地域の食文化を支えている大切な調味料の一つです。昔ながらの製法で造られるみそは、地域にすみつく微生物が自然と入り込むことによってその蔵元独特の風味が生み出されます。これを「蔵ぐせ」と呼び、これはある意味、地域にすみつく微生物環境を未来に伝えるタイムカプセルのような役割を果たしているのではないかと思います。

また、昔から造られている発酵調味料は添加物を使わないにもかかわらず、安全に長期間保存できることが非常に優れている点であり、先人たちの知恵が蓄積されている宝箱だと思います。限られた資源を有効利用するためにも、改めて伝統的な調味料であるみそに注目する時代になっていると考えます。

日本の食文化を支える調味料である酢、酒、みりん、みそ、しょうゆなど、いずれも米、麦、大豆といった穀物からできています。日本食の基本となるご飯と調味料については原料を含めて自国で賄うことが日本人のアイデンティティーを守ることになるのではないでしょうか。

八丁味噌は、かつおだしとの相性がよいと言われています。かつお節をたっぷりと使って濃厚で力強い八丁味噌に負けないだしを引くことが、おいしいみそ汁をつくる秘けつです。また、クリームやチーズなどの乳製品、オリーブ油やごま油などの油とも相性がよく、洋食や中華などさまざまな料理にも使うことができます。そのほか八丁味噌は油を乳化したり、くさみを消したりと料理をおいしく仕上げるのに役立ちます。

当社の八丁味噌は50年以上前から海外にも輸出されています。近年では日本の食文化や食材が注目され、和食以外にもみそが使われるようになりました。伝統的な和食を守りながらも、新たな可能性を探っていきたいと考えます。

はやかわ・きゅうえもん

1950（昭和25）年生まれ。幼いころよりカクキュー八丁味噌の十九代目として、八帖町（旧八丁村）の敷地内で育つ。江戸時代初期から造り続ける八丁味噌をこよなく愛し、八丁味噌一筋。八丁味噌協同組合理事長。2006年10月に久右衛門を襲名。

第四章
一〜三月

一月

七草がゆ
ゆり根がゆ

おかゆは離乳食の幼児から病人や高齢者まで、日本人がお世話になるもの。そして米のよしあしが歴然と現れるのもおかゆです。おいしいおかゆを大切な人に供するなら、まず第一によい米を選んでください。

基本の全がゆは米１に対し、水５。これを土鍋で炊きます。じっくりと熱が伝わる土鍋だからこそおいしくできるのです。おかゆを炊くときの注意点は、火加減。とろ火で粘りを吹きこぼさないように、ふたをずらして炊く。それさえ守ればおかゆは難しくありません。

おかゆをどうしてもつくらねばならぬのは病院だと思います。だから病院は無農薬米を仕入れ、調理師はおかゆが炊けることが資格となってほしい。あの病院のおかゆはおいしいのよ、と評判になるくらい丁寧につくってほしい。さらにおかゆに適したおかず、練りみそやふりかけのたぐいも習得していただきたいのです。

今回は2種類のおかゆを紹介します。まずは正月明けの七草がゆ。私は七草がゆを青菜のポタージュとして捉えています。日本のおかゆは、現代社会の新しいポタージュと考えるべきです。青菜でポタージュをつくる、と聞くと難しく感じますが、七草がゆなら敷居は低く感じるのではないでしょうか。ご病気の方は青菜のポタージュを大変喜んでくださいます。ぜひとも七草がゆを日常的にも食べていただきたい。

もう一品は、ゆり根がゆです。米とゆり根は互いのよいところを引き立てる、たぐいまれな組み合わせと言ってよいでしょう。米とゆり根、それぞれの清らかな白さ、繊細なうまみを堪能してください。国賓がいらしたときの献立としてお出ししても恥ずかしくない一品だと考えます。

ゆり根は煮くずれしやすいので、くれぐれも火の通しすぎにご注意のほどを。

七草がゆ

◉材料（2人分）

米…カップ1/2（100㎖）

水…カップ2 1/2

A
- ＊七草（みじん切り）…1つかみ
- 塩…小さじ1/3

熱湯…カップ3/4強

＊せり、かぶ、大根の葉など入手できる青菜でよい。

❶ 全がゆをつくる。米は洗って分量の水とともに土鍋に入れ、30分間おく。土鍋を中火にかけ、煮立ったら鍋底から混ぜて弱火にし、30〜40分間炊く。ふたは吹きこぼれないように、ずらしてかける。

❷ Aの七草と塩を加える。間髪を入れず熱湯を注ぎ入れ、木べらでかゆを切るように混ぜる。

ゆり根がゆ

●材料（2人分）

米…カップ$\frac{1}{2}$（100㎖）

水…カップ$2\frac{1}{2}$

ゆり根…$\frac{1}{2}$コ

塩水（水カップ2に対し、塩小さじ2）

塩…1つまみ

① 七草がゆの①と同様に全がゆをつくる。

② ゆり根は1枚ずつはがして食べやすい大きさに切り（写真ⓐ）、塩水に15分間浸す。かゆが七〜八分《ぶ》どおり炊けたら加える。全がゆが炊けたら塩をふる。

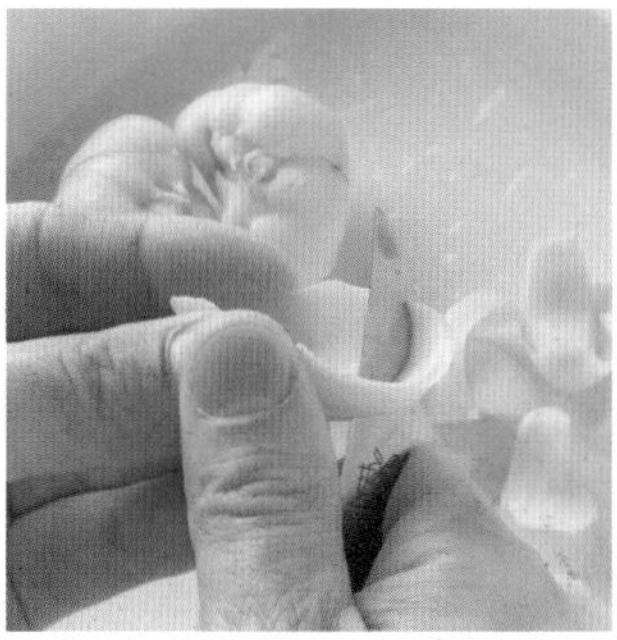

ⓐ

二月

さけのかす汁

菜飯

菜飯とは、刻んだ青菜をご飯に混ぜた、混ぜご飯のこと。今回は大根の葉を混ぜ込みました。大根の葉は栄養価が高いのですが、流通の都合で残念ながら切り落とされてしまいます。

もし入手できたならよく見てください。葉は大きく3つに分けられます。外側の葉、中心の柔らかい葉、その中間の葉。それぞれ相当する料理があるのです。外葉は堅いので揚げ物にしてパリパリに。中間葉は程よい食感ですから浅漬けや炒め物向き。中心葉は柔らかさを生かして菜飯に。それぞれの本質を見極めれば、料理はあとからついてきます。大根の葉がなければ、小かぶの葉や小松菜でつくってください。

菜飯はさらに言えば間引き菜が理想です。大根は葉が十数センチに成長すると間引きします。この間引き菜の柔らかい葉を刻み、ご飯に混ぜ込めば絶品の菜飯の完成です。

そして酒かすの汁物です。世界でもお酒の搾りかすを料理にそのまま使うのは日本だけではないでしょうか。例えばワインの搾りかすでつくった料理なんて聞いたことがありません。酒かすに魚を漬けて保存性を高めることを外国人が聞いたら驚くでしょう。酒かすは世界的にも貴重品です。

かす汁を飲むと体がポカポカしてきます。酒かすには米のうまみや栄養がたくさん残っているので、冬の汁物として適切なんだと思います。母は塩ざけの頭や中骨を一度ゆでこぼして塩出しし、かす汁にしていました。生ざけが出回る現代人向けとして、生のアラの扱い方を紹介します。さけのアラをここまでかわいがってあげると、アラから抽出しただしも味わい深くなります。

前日にアラの下ごしらえをしておくことをおすすめします。アラとだしは別々に保存しておけば、当日の手間が省けます。せっかくならたくさんつくって翌日もその味わいを楽しんでください。

菜飯

◉材料（4〜6人分）

米…540㎖（3合）

大根の葉（なければ小かぶの葉や小松菜）
…適量（ゆでて刻んだ状態で、カップ1/2が目安）

塩…適量

①米は洗ってざるに上げ、30分間おく。炊飯器に入れて3合の目盛りまで水を注いで普通に炊く。

②鍋にたっぷりの水と塩少々を入れて火にかけ、煮立ったら大根の葉を入れる。再び煮立ったら冷水にとり、冷やす。

③大根の葉の水けをよく絞り、細かく刻む。塩小さじ2/3をふって全体にまぶし、水けを堅く絞る。

④炊きたてのご飯に③を入れ、しゃもじで切るように混ぜ合わせる。

ⓐ

さけのかす汁

●材料（4～6人分）

生ざけのアラ…1匹分（650g）
塩…適量
レモン（国産／輪切り）…2～3枚
酒…カップ1/3
A 水…カップ5
　昆布（5cm四方）…4枚
　干ししいたけ…2枚（小なら4枚）
　ねぎ（青い部分）…2本分
大根…150g
里芋…4～5コ
みょうが…5コ
B 酒かす（板かす）…48～60g
　みそ…32～40g
※酒かす6対みそ4の割合。合わせて80～100g

① 鍋にAの水、昆布、干ししいたけを入れ、1時間おく。

② さけのアラは一口大に切り、塩をふる。別の鍋に湯を沸かしてレモンを入れ、さけをサッとくぐらせて冷水にとる。流水で洗って水けを拭き、バットに入れて酒をふりかけ、10分間おく。

③ ①の鍋にさけとねぎを加えて中火にかけ、煮立ったらアクを取って弱火にし、20分間コトコトと煮る。昆布、しいたけ、ねぎを取り出して火から下ろす。さけはバットに移し（写真ⓐ）、煮汁は厚手のペーパータオル（不織布タイプ）でこしておく。
※ここまでを前日にしておく。

④ 大根はいちょう切りにする。里芋は皮をむき、布巾でぬめりを取って輪切りにする。みょうがは縦4等分に切る。

⑤ 鍋に③の煮汁の半量と大根を入れて中火にかけ、煮立ったら弱めの中火にし、Bの酒かす・みそ各少量を溶き入れて里芋を加える。里芋に火が通ったらさけ、残りの煮汁とBを加えて5分間煮る。みょうがを加えて温める。

三月

はまぐりの吸い物

五目ずし

ひな祭りに母がつくっていた五目ずし。現在は私が受け継いでいます。昨今、手間暇かけた五目ずしは見かけなくなりました。面倒だからでしょうね。その気持ちはわかります。こまごまと野菜を切ってそれぞれ別々に煮なければならないのですから。さらにでんぶをのせ、錦糸卵まで散らす。つくる人はあまりいないでしょう。

しかしながら、外国人にこの五目ずしをお出しすると必ず喜ばれます。外国人のパーティーで料理を提供する機会がありましたが、一番人気はこれでした。日本人のみならず外国人をも魅了するのですから、ひな祭りくらいは心を込めたいものです。

五目ずしは段取りが要。３日間かけます。３日間といっても夕食の支度中に少しずつ準備すればよいのですからご安心を。むしろ、三月三日に一から始めると二度とつくりたくないと思うこと必至です。

さけでんぶと錦糸卵。この２つはぜひ覚えてください。さけ缶でのでんぶづくりは母の考案。当時と

しては一種の合理化です。これを持っていれば丼物に展開できます。そして錦糸卵を均一に細くする方法。それには薄焼き卵を同じ薄さに焼くこと。薄く焼けていれば何の苦もなく細く切ることができます。同じ薄さにするには、卵液をすくう玉じゃくしを決めておけばいい。何度も焼くうちにすくい加減を会得するはず。

お重に盛りつける際、すし飯はお重の側面に密着させないように。すし飯の縁が1ミリほど側面から離れて空気がひと息入るように盛りつけるのと、すし飯が一面をべたっと覆っているのとでは雲泥の差です。にんじんの先が側面に飛び出しているのもだらしなく見えます。

盛りつけ箸は垂直に使うようにすること。箸が立っていると盛りつけがきれいにできます。

相方の汁物は、はまぐりの吸い物。すがすがしい味わいはすしとの相性がよく、ぴたっと迷いのない組み合わせです。

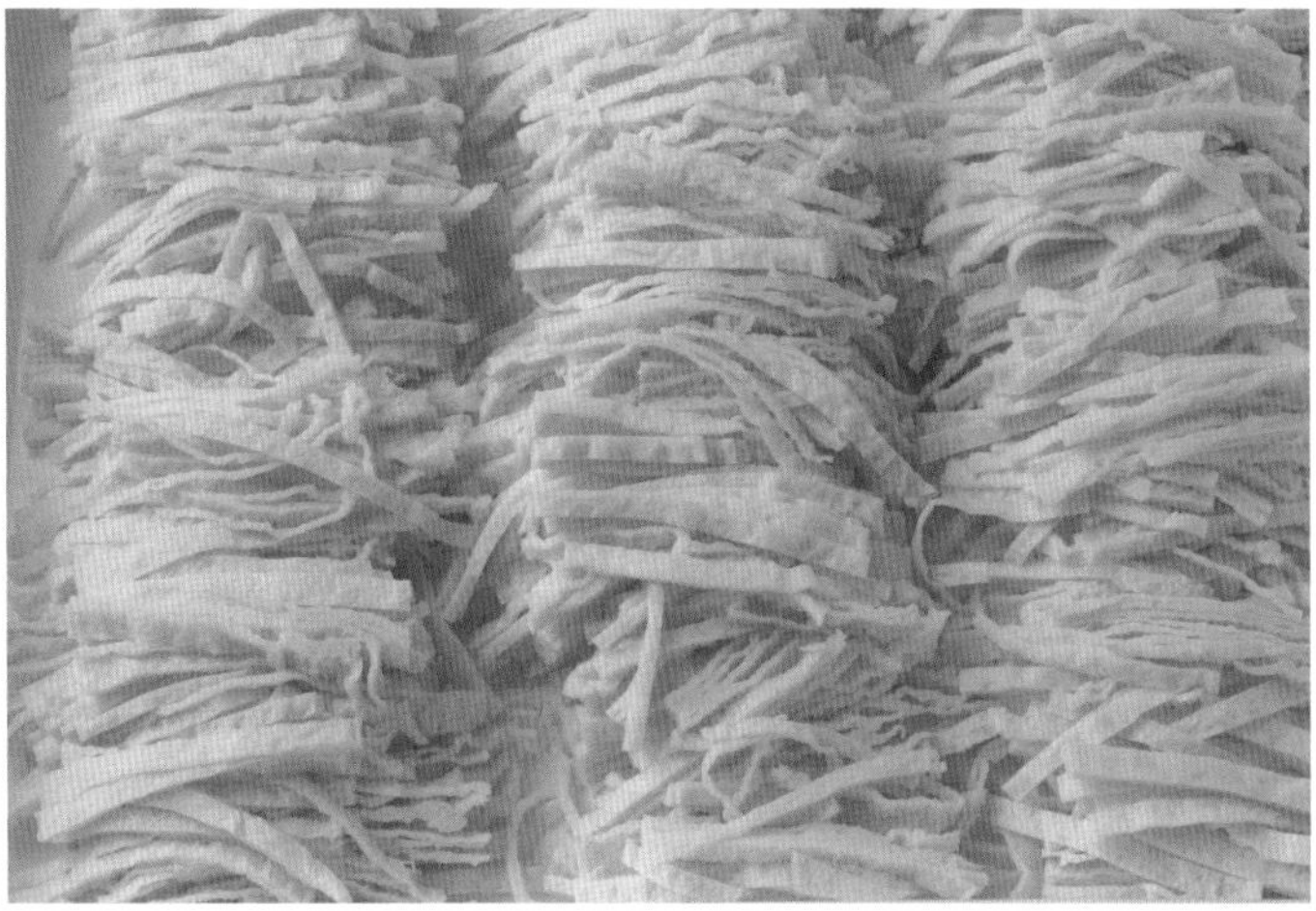

五目ずし

◉材料（つくりやすい分量）

すし飯
- 米…カップ4（800mℓ）
- 水…カップ$4\frac{1}{4}$
- 昆布（7cm四方）…1枚
- 酒…大さじ2弱

合わせ酢
- 米酢…カップ$\frac{1}{2}$強
- 砂糖…大さじ1〜2
- 塩…小さじ1弱

れんこん…100g

甘酢
- 米酢・水…各カップ$\frac{1}{2}$
- 砂糖…大さじ1
- 塩…小さじ$\frac{1}{3}$

さけでんぶ
- 紅ざけ（缶詰）…1缶（200g）
- 砂糖…大さじ1〜2
- 酒…大さじ$1\frac{1}{2}$
- 塩…小さじ$\frac{1}{2}$

干ししいたけ…40g

煮汁
- しいたけの戻し汁…カップ$3\frac{1}{2}$
- 砂糖…大さじ$2\frac{1}{2}$
- しょうゆ…大さじ$1\frac{1}{2}$
- 酒…大さじ1
- 塩…小さじ$\frac{1}{4}$

かんぴょう…30g

煮汁
- かんぴょうのゆで汁…カップ1
- 砂糖・しょうゆ…各大さじ1
- みりん…大さじ$\frac{1}{2}$
- 塩…少々

卵…3〜5コ

にんじん…200g

煮汁（にんじんが浸るくらい）
- しいたけの煮汁…適量
- 水…適量
- 酒…大さじ$\frac{1}{2}$
- 塩…小さじ$\frac{1}{4}$

みつば…1ワ

紅しょうが（せん切り）…適宜

焼きのり…$2\frac{1}{2}$枚

塩…適量

サラダ油…適量

1日目

① れんこんは薄い輪切りにし、サッとゆでて取り出す。鍋にれんこんと甘酢を入れ、中火で軽く煮て火を止め、そのまま冷ます。甘酢とともに保存容器に入れる(写真ⓐ)。

② 紅ざけは缶汁をきり、骨と皮を除く。鍋に調味料とともに入れて中火にかけ、菜箸4～5本でほぐし、炒《い》りつける。保存容器に入れ、それぞれ冷蔵庫に入れておく。

2日目の具も同様にする。

ⓐ

2日目

③ 干ししいたけは水カップ4で戻して軸を切り落とし、薄切りにする。鍋にしいたけと煮汁を入れて中火にかけ、15分間煮て火を止め、そのまま味を含ませる(写真ⓑ)。

④ かんぴょうは塩少々を入れた水でもみ洗いする。鍋にかんぴょうとかぶるくらいの水を入れて中火にかけ、5分間ゆでる。水けをきって1cm幅に切り、煮汁とともに中火で煮、食べてみて柔らかくなったら火を止め、そのまま味を含ませる(写真ⓒ)。

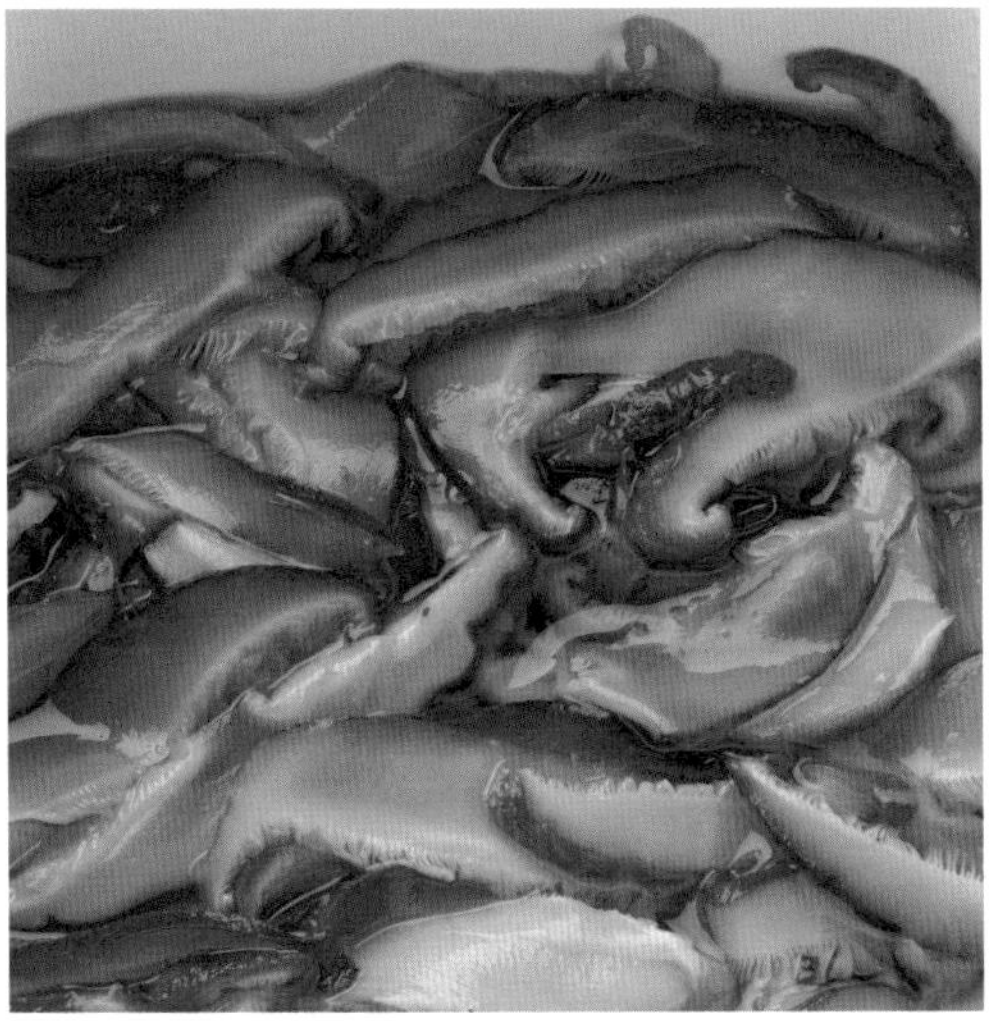

ⓑ

⑤ 薄焼き卵をつくる。ボウルに卵を割り入れ、塩少々を加えて溶きほぐす。フライパンにサラダ油少々を中火で熱し、玉じゃくしで卵液を少量流し入れ、薄く広げて焼く。裏返して両面を焼き、取り出す。残りの卵液も同様に焼いて重ねておく。粗熱が取れたら重ねたままラップで包み、冷蔵庫に入れる。

ⓒ

ⓓ

ⓔ

3日目

6 にんじんはせん切りにする。鍋ににんじんと煮汁を入れて弱火にかけ、食べてみてちょうどよい食感になるまで煮る(写真ⓓ)。みつばはサッとゆでて氷水にとり、水けを拭いて1cm幅に切る。薄焼き卵はせん切りにする(錦糸卵)。

7 すし飯をつくる。米は炊く30分前に洗ってざるに上げる。炊飯器にすし飯の米から酒までを入れて普通に炊く。炊き上がったら昆布を除き、盤台に移して合わせ酢をかけ、しゃもじで切るように混ぜる。うちわであおぎ、さらに上下を返す。粗熱が取れたら、しいたけ、にんじん、かんぴょうの汁けをきって混ぜ、ぬれ布巾をかけて冷ます(写真ⓔ)。

8 重箱にすし飯を盛り、みつば、紅しょうがを散らしてれんこんを並べる(写真ⓕ)。さけでんぶを一面に敷き(写真ⓖ)、錦糸卵で覆う(写真ⓗ)。

9 器に盛り、のりを手でもんで散らす。

f

g

h

はまぐりの吸い物

◉材料（4～5人分）

はまぐり（砂抜きしたもの）…500g

木の芽…適宜

塩・酒…各適量

① はまぐりは塩適量をまぶして殻と殻をこすり合わせ、水で洗う。残りのはまぐりも同様に洗う。これをもう一度繰り返す。

② 鍋にはまぐり、酒カップ1/2を入れて中火にかけ、殻が開いたら水カップ4を加える。煮立ったら弱火にし、10分間煮る。味をみて塩・酒各少々で調える。器に盛り、木の芽を添える。

煮干しだし

手間がかかることは覚悟してください。
びっくりしますよ。
その代わり絶対おいしいから。
すまし汁以外のみそ汁、けんちん汁、
煮物に使います。
煮干しとしいたけのおかげで
一番だしにない力が備わるのです。

◉材料（つくりやすい分量）
煮干し…１２０ｇ
昆布（５㎝四方）…６枚
干ししいたけ…（大）２枚
（小さいものなら４～５枚）

煮干しの粉をつくる

1 煮干しは胴と頭に分け、胴は腹ワタ、頭はエラを取り除く。厚手の鍋に胴を入れて中火にかけ、色づくまで炒《い》る。１つ食べて生ぐさみがなく、香ばしくなっていればよい（写真ⓐ）。

2 頭は、胴よりやや弱めの中火で同様に炒る。胴と頭では火の通る時間が異なるので別々に炒る（写真ⓑ）。

3 すり鉢に胴と頭を入れてすりこ木で粉状にし（写真ⓒ）、密封容器に入れる。すり鉢の代わりにミキサーで粉状にしてもよ

ⓐ

ⓑ

ⓒ

ⓓ

い。この状態で冷凍庫に入れておけば、2か月間保存できる。

煮干しだしをつくる

④ 鍋を2つ用意する。1つは昆布、しいたけ、水カップ7を入れ、1時間おく。もう1つは煮干しの粉大さじ3、水カップ3を入れ、同じく1時間おく(写真ⓓ)。

⑤ 昆布としいたけの鍋と、煮干しの粉の鍋を同時に弱火にかけ、沸騰する手前の状態で2～3分間おく。ざるに厚手のペーパータオル（不織布タイプ）を敷き、煮干しの粉の鍋の煮汁を、昆布としいたけの鍋にこし入れる(写真ⓔ)。

⑥ 昆布としいたけの鍋を、沸騰する手前の状態でさらに弱火で数分間煮る。味をみてよければ昆布としいたけを取り出す(写真ⓕ)。完全に冷めたら密封容器に入れる。冷蔵庫で2～3日間保存できる。

ⓔ

ⓕ

一番だし

通常の一番だしとは
一線を画しています。
昆布の滋養を
しっかりと引き出すために
考案したつくり方です。
決して沸騰させることなく
静かに炊いてください。

◉材料（つくりやすい分量）
昆布（5㎝四方）…10枚
かつおの削り節…40g

昆布のうまみを引き出す

① 鍋に水カップ10と昆布を入れ、1時間くらいおく。強めの中火にかけ、昆布から小さな泡が出てきて揺れ出したら弱火にする。20分間くらい、沸騰しない状態を保つ。

削り節を入れる

② 味をみて「よし」と言えるほど昆布のうまみを引き出したら、昆布を取り出す。水カップ1/4を注いで温度を下げ、削り節を入れる。

5呼吸で火から下ろす

③ 5呼吸（約5秒間）したら火から下ろし、まず、ざるでこす。次に、ざるをきれいにし、厚手のペーパータオル（不織布タイプ）を敷いてこす。かつおのくさみが出るので、削り節を絞ってはいけない。

いきなりペーパータオルでこすと削り節がたまり、だしが落ちるのに時間がかかってくさみが出る場合がある。ゆえに2度こす。1回目で手早く削り節を除き、2回目で削り節の粉を除く。

④ すぐ料理をするなら、そのまま使用してよい。保存するなら、鍋に入れて火にかけ、水面がゆらりとする温度（約50℃）で殺菌する。完全に冷めたら密封容器に入れる。冷蔵庫で2～3日間保存できる。梅干しを1コ入れておくと、だしが傷みにくい。

おわりに

日本の米と大豆をどのようにして守っていけばよいのでしょうか。

まず、日本の人口と主要穀類が見合うか否か、需要と供給のバランスがとれているかを調べていただきたい。現状はこうであるということを科学的に押さえておく必要があります。その現実に対し、ではどうしたらよいか。専門家を集め、国を挙げて論議していただけるとありがたい。

ただ米の食べ方や汁物のつくり方を覚えるのではなく、米と大豆に対し、意識して現実を見つめること。それができるようになれば「ご飯と汁物」を取り上げた意味がある。これがいちばん大事なことです。

最後に、料理助手を務めた対馬千賀子さんに感謝します。彼女は２００３年から17年間、内弟子として私を支えてくださいました。現在、生徒さんに指導をするほど、スープ教室には欠かせない存在になりました。これからもご飯と汁物を伝えてください。

辰巳芳子

たつみ・よしこ

料理研究家、エッセイスト。１９２４年生まれ。料理研究家の草分けだった母・辰巳浜子のもとで家庭料理を学ぶ一方、西洋料理の研さんも重ねる。父親の介護を通じてスープに開眼する。鎌倉の自宅などでスープ教室を主宰し、高齢者や病気の方へ提供できるよう指導している。「大豆１００粒運動を支える会」会長。著書に『辰巳芳子の旬を味わう　―いのちを養う家庭料理』、『辰巳芳子　慎みを食卓に　―その一例』（ともにＮＨＫ出版）などがある。

辰巳芳子　ご飯と汁物
後世に伝えたい食べ物

二〇二〇年七月一五日　第一刷発行

著者　辰巳芳子

発行者　森永公紀
発行所　ＮＨＫ出版
〒一五〇‐八〇八一　東京都渋谷区宇田川町四一‐一
電話　〇五七〇‐〇〇二‐〇四八（編集）
〇五七〇‐〇〇〇‐三二一（注文）
ホームページ　https://www.nhk-book.co.jp
振替　〇〇一一〇‐一‐四九七〇一

印刷・製本　共同印刷

ISBN 978-4-14-033310-5 C2077
Printed in Japan

スタッフ
撮影　小林庸浩
カバーイラスト　平岡 瞳
デザイン　尾崎行欧、安井 彩（oi-gd-s）
撮影協力　対馬千賀子
校正　桂 操緒（ケイズオフィス）
編集　湯原一憲（ＮＨＫ出版）